trashindigne.blogspot.com

# Les Chroniques
d'une mère indigne 2

# Caroline Allard

# Les Chroniques d'une mère indigne 2

*Décapons le quotidien,
une couche à la fois*

Les éditions du Septentrion remercient le Conseil des Arts du Canada et la Société de développement des entreprises culturelles du Québec (SODEC) pour le soutien accordé à leur programme d'édition, ainsi que le gouvernement du Québec pour son Programme de crédit d'impôt pour l'édition de livres. Nous reconnaissons également l'aide financière du gouvernement du Canada par l'entremise du Programme d'aide au développement de l'industrie de l'édition (PADIÉ) pour nos activités d'édition.

Chargée de projet : Sophie Imbeault

Révision : Solange Deschênes

Correction d'épreuves : Carole Corno

Photographie de la couverture : Maxime Tremblay, photosmax.blogs.com

Illustratrice : Annie Boulanger

Mise en pages et maquette de la couverture : Pierre-Louis Cauchon

Si vous désirez être tenu au courant des publications
de la collection HAMAC et des ÉDITIONS DU SEPTENTRION
vous pouvez nous écrire par courrier,
par courriel à sept@septentrion.qc.ca,
par télécopieur au 418 527-4978
ou consulter notre catalogue sur Internet :
www.hamac.qc.ca ou www.septentrion.qc.ca

© Les éditions du Septentrion
1300, av. Maguire
Sillery (Québec)
G1T 1Z3

Dépôt légal :
Bibliothèque et Archives
nationales du Québec, 2009
ISBN papier : 978-2-89448-584-2
ISBN PDF : 978-2-89664-530-5

Diffusion au Canada :
Diffusion Dimedia
539, boul. Lebeau
Saint-Laurent (Québec)
H4N 1S2

Ventes en Europe :
Distribution du Nouveau Monde
30, rue Gay-Lussac
75005 Paris France

Membre de l'Association nationale des éditeurs de livres

*À mes deux filles, encore et toujours...*
*Les créatures les plus belles et les plus étonnantes qui soient.*

## Qu'est-ce qu'on dit...?

On dit merci à Éditeur indigne et à toute l'équipe des éditions du Septentrion pour m'avoir encouragée à poursuivre dans le vice avec une ferveur renouvelée.

On dit merci à mes lecteurs et à mes lectrices très indignes, sur le blogue et sur le papier, dont les commentaires et les témoignages m'encouragent aussi à poursuivre dans le vice avec une ferveur renouvelée.

On dit merci à Père indigne, qui, malgré les tourments et les avaries que nous réserve la vie parentale, renouvelle notre poursuite du vice avec une ferveur qui mérite des éloges. (D'autres détails suivront.)

Et on dit merci à mes parents. Parce que, les enfants, souvenez-vous: il faut toujours dire merci à ses parents. Surtout qu'ils peuvent s'avérer pratiques, un de ces jours, quand le moment sera venu de faire un versement pour la maison de vos rêves.

## Introduction : Indigne un jour...

C'est dense. C'est lyrique. C'est dramatique. C'est poétique. C'est... sublime.

Euh, non, je me trompe. Pardon.

*C'est fou.*

C'est ça que je voulais dire.

C'est fou. Depuis mars 2006, moment où j'ai commencé à rédiger mes chroniques, le monde n'a pas changé. Ou en tout cas, moi, je n'ai pas changé. Je me sens toujours aussi indigne.

On aurait pu croire qu'en trois ans la nature humaine aurait évolué. (En tout cas, la mienne.) On aurait pu penser que, l'expérience aidant, les pensées vilaines, bêtes et méchantes se seraient tues pour faire place à une douce sérénité. À la paix intérieure. À l'acceptation humble et amusée des changements de couches très pleines, des crises de nerfs, des diverses humiliations physiques (le régurgit de bébé sur l'épaule de la robe de soirée) et mentales (se faire dire d'arrêter de jouer à la mère par son propre enfant) qu'inflige la maternité.

Eh bien, non! Acceptation humble, mon œil! En fait, je vous le dis en toute confidentialité pour éviter que la police de la bienséance me mette le grappin dessus : plus le temps passe, pire c'est.

Une fois qu'on est dans l'indignité, on ne peut plus s'en sortir. On y sombre. Et le fond semble étrangement lointain. On regarde les livres sur nos tablettes : *La première année de bébé*, *Comment nourrir sainement votre progéniture*, *Aider votre enfant à bâtir son estime de soi*... On les regarde, ces bouquins, et on ricane. *La première année de bébé* nous semble noyée dans un brouillard (le manque de sommeil) où une forme sombre (Bébé avec sa couche pleine) nous poursuit sans relâche. Côté nourriture, aucune inquiétude, puisque c'est avec notre équilibre mental que notre progéniture casse la croûte, tel Saturne dévorant un de ses enfants (n'allez pas voir sur Google, c'est trop horrible). Quant à l'estime de soi, c'est gagné d'avance, puisque tous les DVD de *Passe-Partout* sont de retour sur le marché. C'est plutôt notre estime de soi à nous, les parents, qu'il faut rebâtir brique par brique, roman policier par roman policier, gin tonic par gin tonic.

Et tome par tome, d'où ce tome 2 qui, je l'espère, vous fera rigoler autant que le premier.

Je dirais bien aussi que j'espère que ça vous fera réfléchir, mais ce serait un mensonge éhonté.

Et pour terminer, je… Je vous demande pardon ? Vous vouliez me dire quelque chose ?

*Foule en délire* — Mère indigne, Mère indigne, pourquoi Eugénie n'est-elle pas dans le tome 2 ?

*Mère indigne* — Ah, Eugénie… Eugénie qui m'avait, dans le tome 1, gentiment surnommée madame la Folle. Eugénie, la copine de Fille aînée, la terreur de tous les parents, même les indignes. Eugénie, qui enseigne à vos enfants que l'ange Gabriel et la Vierge Marie se frenchent dans tous les recoins de l'Égypte. Eugénie, qui refuse de toucher à notre linge de maison sous prétexte qu'elle ne veut pas « sentir le cul », mais qui nous avoue du même souffle que, même après un bon bain, elle sent toujours la vache. Ah, Eugénie. Eh bien, elle s'est réformée. Je suis sérieuse. Plutôt que d'étendre la jambe pour enfarger Bébé dans les escaliers, elle se penche et sussure des choses comme « Oh, qu'elle est mignoooonnnnne, Bébé ! Qu'elle est joliiiiie !

Tu viens jouer avec nous, Bébé ? » Autant vous dire que ce n'est pas avec ce genre de matériel inepte qu'on va faire de l'humour solide. Mais consolez-vous, puisque pour une Eugénie de perdue, il y a un Bébé de retrouvé. Et Bébé, croyez-moi, elle reprend le flambeau de l'enfant mal élevé avec beaucoup de vigueur.

*Foule en délire* — Mère indigne, Mère indigne, pourquoi Jean-Louis n'est-il pas dans le tome 2 ?

*Mère indigne* — Jean-Louis s'est mis à travailler comme un fou. Il a délaissé le bord ensoleillé de ma piscine pour les cieux néonisés de son entreprise. Ou peut-être lui ai-je simplement montré mes bobettes de maternité grisâtres et distendues une fois de trop ? Mais soyez sans inquiétude. Il y a quand même d'autres hommes dans le tome 2. Et plein de sous-entendus sexuels. Sinon, franchement, où serait l'intérêt ?

*Foule en délire* — Mère indigne, Mère indigne, c'est qui Éric Vignola et Annie Boulanger ?

*Mère indigne* — Éric Vignola, c'est un gars qui écrit son mémoire en littératures de langue française, au sujet des blogues ; et il étudie, entre autres, le mien. Quand j'ai su ça, je me suis dit que je pourrais l'exploiter pour ajouter un effet comique à mes débuts de chapitres[*]... Euh, je veux dire que je pourrais mettre son talent à profit pour éclairer l'esprit des lecteurs et le mien sur des aspects plus intellectuels de mon œuvre. Ah, ah, ah ! Moi, exploiter un charmant jeune homme dans le but de faire rire la galerie ? Jamais. Et Annie Boulanger, c'est une illustratrice que j'ai rencontrée au Salon du livre de

---

[*] Éric fait dire que les extraits ne sont pas tirés de son vrai mémoire. Que c'est un travail de pure fantaisie. C'est correct, Éric. On va trouver ça drôle quand même.

l'Abitibi et qui a accepté, contre ses principes de décence les plus farouches, de mettre en images quelques indignités. À tous les deux, qu'est-ce qu'on dit… ?

*Foule en délire* — Merciii !

*Mère indigne* — Bien. Vous pouvez commencer.

# Fiches signalétiques

### Père indigne

Renseignements sur le produit : Fabriqué en Belgique grâce à un procédé révolutionnaire impliquant la moule et la frite.

Principale caractéristique physique : Comme tous les Belges, il possède un énorme... cerveau. Sa formation scientifique lui permet d'inventer des blagues arithmétiques sophistiquées (50 drillons + 50 drillons = ?).

Caractéristique psychologique qui le distingue dans la famille : Il est sain d'esprit, et cela lui joue parfois des tours.

La chose qu'il préfère en tant que Père indigne : Mère indigne et leurs deux adorables fillettes.

La chose qu'il trouve la plus difficile en tant que Père indigne : Mère indigne et leurs deux petits monstres.

Surnoms affectueux : Fille aînée l'appelle Papounet, Bébé l'appelle Prince sarmant, et Mère indigne lui sussure « Pompier François » à l'oreille en fredonnant « Où sont passés les tuyaux ? » (mais uniquement dans l'intimité la plus stricte).

**Bébé**
Signe astrologique : Tigre du Bengale, ascendant Poisson méssant. Membre de la secte Je-Fais-Pipi-Par-Terre-Quand-On-M'emmerde (cette secte ne compte qu'un seul membre, mais très actif).

Son métier plus tard : Ambassadrice des droits des bébés, comme en témoigne sa phrase fétiche : « Moi z'a le DROIT, moi z'a BEZOIIIIN ! »

Ce qu'elle préfère en tant que Bébé : Les bonbons que Mère indigne, en bonne adepte de la capitulation totale devant les Forces de la destruction, lui offre systématiquement pour éviter une crise.

Ce qu'elle trouve le plus difficile en tant que Bébé : Elle aime déjà le café, l'alcool et les médicaments, mais Mère indigne n'a toujours pas cédé sur ces aspects.

Surnom affectueux : Personne n'a encore osé.

**Fille aînée**

Caractéristique principale : Son grand sens de la rectitude (mais d'où tire-t-elle ça, bon sang?). N'aime pas faire souffrir les crevettes, même quand elles sont déjà cuites. N'aime pas les « mauvais mots » et dénonce farouchement les « images inappropriées » qu'elle trouve par hasard sur Internet (mot-clé de recherche : sirène).

Ce qu'elle trouve le plus chouette en tant que Fille aînée : Pouvoir cacher ses bonbons sur l'étagère du haut afin de les soustraire à la gourmandise de sa petite sœur. (Elle ignore encore que Bébé a trouvé la cachette et mis au point un truc pour y avoir accès. À moins que Bébé n'ait tout simplement imité Père indigne.)

Ce qu'elle trouve le plus difficile en tant que Fille aînée : Le fait que sa petite sœur pense qu'elle est elle-même l'aînée. Le fait de croire qu'elle sera peut-être obligée de se rebeller à l'adolescence.

Comportements inquiétants : Croit encore au père Noël mais ne pense pas qu'il doive respecter un budget très serré. Adore former des comités.

Ambition : Devenir présidente de comité.

Signes que tout n'est pas perdu : Elle adore les blagues macabres et les bandes dessinées subversives (*Garfield* et *Le Chat*). Dans la *Guerre des étoiles*, elle s'est rangée du côté de Darth Vader.

**Mère indigne**

Caractéristique principale : Aucune retenue. Et alors là, j'insiste : aucune. En ce moment même, elle est en train de... faut le voir pour le croire.

Ce qu'elle préfère en tant que Mère indigne : Père indigne et leurs deux magnifiques petites princesses d'amour.

Non, sérieusement, qu'est-ce qu'elle préfère en tant que Mère indigne ? Bon, puisque vous insistez : faire des expérimentations psychologiques sur ses propres enfants sans avoir rempli les formulaires. Ça et le gin tonic.

Ce qu'elle trouve le plus difficile en tant que Mère indigne : Le quotidien qui tue. Être constamment bafouée par Bébé et se rendre compte qu'elle aime ça.

Son rêve inavouable : S'enfuir avec King Kong. Juste pour quelques jours, mon Dieu. Est-ce là un crime ?

Comportements inquiétants : En cas de grande détresse psychologique (c'est-à-dire quand Fille aînée parle des garçons), elle n'hésite pas à enfreindre la convention de Genève et à torturer des légumes pour en faire de la soupe.

Surnom affectueux : Madame la Folle.

Chose la plus étrange qui lui soit jamais arrivée : Sa famille l'aime.

# Chapitre 1
## Mère indigne est bête et méchante
### (et menteuse, et tricheuse, et voleuse)

Dès le départ, Allard le met de l'avant : le personnage de la Mère indigne. La corrélation entre le théâtre et son écriture est visible principalement parce qu'elle se met elle-même en état de *performance*. Mais, plus systématiquement qu'au théâtre, c'est sa propre vie qu'elle met en scène, ou plutôt des anecdotes précises de la vie de la mère indigne qu'elle porte en elle. Cela nous permet de conclure assez fermement que Mère indigne, dans la vraie vie, est réellement menteuse, tricheuse, voleuse, bête et méchante.

Éric Vignola, *Mère indigne ou la procrastination littéraire*, p. 537.

Je n'ai jamais voulu faire de mal à qui que ce soit. Il m'arrive parfois d'exagérer... Mais il faut bien gagner sa vie.

Mère indigne

# Jeu drôle (une fiction cathartique)

Qu'est-ce qui se passe, chérie ? Tu vois bien que maman est très, très occupée avec son roman policier. Je dois continuer à le lire pour que les bons retrouvent le méchant le plus vite possible, tu comprends ?

Pardon ? Tu t'ennuies ? Attends, attends, je récapitule. Aujourd'hui, nous avons été au parc, à la piscine, au zoo, à la bibliothèque, à ton cours de yoga/pilates/feng shui juvénile, chez papi et mamie, puis peindre une cochonnerie chez Céramik Café, et maintenant, après deux longues minutes à ne rien faire, tu t'ennuies ?

Mais je te félicite, ma chérie ! Après toutes nos activités, maman est ravie de constater que tu n'as pas oublié comment t'ennuyer. Continue comme ça, persévère dans tes bâillements, c'est très bien. Moi, je retourne à mon...

Comment ? Tu n'aimes pas t'ennuyer ? Tu voudrais *faire* quelque chose ? Ah, oui, je te comprends. Et je suis enchantée de profiter de cette occasion pour t'enseigner que la vie est une vallée de larmes, une épreuve déchirante pendant laquelle il ne faut attendre de secours de personne. JAMAIS. Tu t'ennuies ? Alors trouve toi-même de quoi t'occuper. Tu es belle, tu es bonne, tu es cap-

Tu as déjà essayé de trouver quoi faire toute seule, mais sans succès ? Moui, bon, tiens, j'ai une idée. Fais comme maman ! Lis ! J'ai ce qu'il te faut. Ça s'appelle *À la recherche du temps perdu*. Quand tu auras fini la description du clocher d'église – trente pages –, tu pourras t'arrêter et tu verras que tu ne

t'ennuyais pas tant que ça, avant. Ou alors, si tu es gentille, je te retrouve le passage où le héros est dans un lit avec Albertine et il ne se passe rien. Non ? Sûre ? Pffft.

Écoute, ma chérie, maman va être totalement franche avec toi. Il existe certains pays dans le monde où les enfants ne s'ennuient jamais. Tu aimerais bien y aller, n'est-ce pas ? Mais sais-tu ce qu'ils font, dans ces pays, les petits enfants ? Ils sont toujours occupés à essayer d'éviter les balles perdues ou les mines antipersonnel. Et sais-tu ce qui arrive quand ces enfants-là s'ennuient ? Ils arrêtent de faire attention et puis, paf, ils sautent. Après, ils marchent à cloche-pied, mais ce n'est pas pour jouer. C'est un terrible handicap. C'est ça que tu veux ? C'est ça ?

Là, là, arrête de pleurer. Tout ce que je voulais te faire comprendre, c'est qu'ici tu as la chance de pouvoir t'ennuyer en toute sécurité. Tiens, tu devrais écrire à notre bon gouvernement pour le remercier. Ça t'occuperait. Non ? Ça t'ennuierait aussi ?

Mais, bon sang ! Qu'est-ce que vous avez, vous, les enfants, à vous ennuyer ? Nous, les adultes, ça ne nous arrive jamais ! Prends maman : quand je m'ennuie, qu'est-ce que je fais ? Je me prépare vite fait un double gin tonic. C'est drôle comme je me sens beaucoup mieux, tout de suite après ! Ou alors je pars magasiner avec la carte de crédit. Abracadabra ! Ça m'occupe, ça m'amuse, c'est fantastique. Et excuse-moi de te le dire, mais le fait que tu ne puisses pas boire d'alcool, prendre la voiture ou utiliser la carte de crédit est une bien piètre excuse pour ne pas profiter de ces petits trucs !

Bon, écoute, j'ai une idée pour un jeu génial : pendant que je termine mon roman, tu fais semblant que je suis une mine antipersonnel. Si tu me déranges, KABOUM !

Et quand papa arrive, tu lui demandes quelle est la meilleure manière de manger des frites. Ça devrait vous occuper pour un bon moment, tous les deux.

Et quand tu recommenceras à t'ennuyer : au lit !

Tu vois, maman trouve toujours des solutions à tout. Je pense que tu vas t'en souvenir, n'est-ce pas ?

Oh, que oui.

## Appétit de destruction (une fiction cathartique)

*Mère indigne* — Tu sais, d'habitude, je suis une assez bonne mère.

*Maman copine* — Hum...

*Mère indigne* — Non, mais, sérieusement, en général, je suis assez, disons, émerveillée par mes rejetons et encline à faire naître la joie dans leur cœur. Genre.

*Maman copine* — Mais...?

*Mère indigne* — Mais... des fois, j'ai comme des mauvaises impulsions.

*Maman copine* — Pire que d'habitude? Tu me fais peur.

*Mère indigne* — Je te donne un exemple. Bébé. Elle a été à l'hôpital l'autre jour et, depuis ce temps-là, chaque fois que je dis le mot « docteur », c'est la crise.

*Maman copine* — Oui, mais c'est pas comme si tu faisais exprès pour le dire.

*Mère indigne* — C'est que...

*Maman copine* — Tu fais pas exprès, quand même?

*Mère indigne* — Ben... C'est comme une expérience, tu vois? Je... j'ai comme envie de tester. Pour voir si ça marche vraiment à tout coup. Ou si elle se désensibilise, genre. Alors quand elle me dit « Faut pas tooomber, faut pas tooomber », je réponds: « Non, hein, faut pas se faire des gros bobos sinon on va être obligés d'aller voir le DOCTEUR. » Et pis là, ça y est. Elle pleure.

*Maman copine* — Pas encore désensibilisée.

*Mère indigne* — Non.

*Maman copine* — (Soupir.) Tu fais dur.

*Mère indigne* — Non mais, ça ne t'arrive jamais, à toi, de vouloir être méchante? D'avoir le goût de faire une télé-réalité pour les 3-4 ans avec le père Noël qui enlève sa barbe? D'avoir l'impulsion de dire à ta fille qu'il ne reste plus de bonbons d'Halloween, pas parce qu'elle les a déjà tous mangés, non, mais parce que tu as jeté son sac encore plein aux poubelles?

*Maman copine* — ...

*Mère indigne, s'enflammant* — Tu n'as jamais eu le goût de... de détruire le bonheur?

*Maman copine* — Je m'excuse, mais non.

*Mère indigne* — Bizarre.

Fille aînée s'approche sur ces entrefaites.

*Fille aînée* — Maman, est-ce que je peux prendre une figurine de père Noël en chocolat pour dessert?

*Mère indigne* — Oui, à condition que tu en donnes un petit bout à ta sœur.

*Fille aînée, regardant quel serait le plus petit bout possible à partager* — Son chapeau, par exemple?

*Mère indigne* — Tu fais comme tu veux, mais tu partages.

Et Fille aînée de commencer à essayer de détacher le plus délicatement possible le chapeau du père Noël, question d'abîmer le moins possible la belle figure du gros bonhomme qui n'existe même pas dans la vraie vie.

*Mère indigne, en aparté à Maman copine* — Tu vois, ÇA, ça... ça M'ÉNERVE. La voir en train de gosser sur son père Noël pour ne pas le briser, alors qu'elle va finir par le manger de toute façon dans les dix prochaines minutes... Moi, là, MOI, je lui foutrais mon poing sur la GUEULE, au père Noël. KAPLANG! Plein de morceaux partout. Après, on le partage avec tout le monde pis on n'en parle plus, cibole!

*Maman copine* — Tu t'énerves pour rien. Je suis sûre que tu faisais la même chose avec tes figurines en chocolat quand tu étais petite.

*Mère indigne* — Évidemment, je faisais la même chose. J'étais STUPIDE.

*Maman copine* — Cal-me-toi. Tout-va-bien. Ta fille va se débrouiller et tu n'en entendras même plus parl-

*Fille aînée* — Maman, maman, je n'arrive pas à séparer le chapeau du reste du père Noël. Veux-tu m'aider ?

*Mère indigne, suave* — Mais ouiii. Bien sûûûr, ma chériiie. Allez, donne-moi cette figurine.

KAPLANG !

*Fille aînée et Maman copine* — Nooon !

*Mère indigne, un large sourire aux lèvres* — Voilà ! On va pouvoir partager le chocolat avec tout le monde et on n'en parle plus !

Fille aînée ramasse les morceaux de chocolat en tremblotant pendant que Bébé, flairant l'aubaine, s'approche discrètement de la table.

*Maman copine* — Franchement ! C'est nul, ce que tu viens de faire. Faut vraiment être malade.

*Mère indigne* — Malade ? Alors, d'après toi, il faudrait que j'aille voir le DOCTEUR ?

*Bébé* — OUIIIIIIIIIIN !!!

*Mère indigne, d'excellente humeur* — Bon, Fille aînée, amène un autre père Noël à maman. Tout le monde ensemble, là, on va faire une belle thérapie.

## C't'une fois deux mères : mal et diction

Dans le coin droit, Maman-qui-en-a-vu-d'autres agrippe sa tasse de café comme un aveugle se repose sur sa canne blanche. Dans le coin gauche, Future Maman sirote une tisane à la queue de cerise en se caressant la bedaine d'un air pénétré. Au milieu des deux, Bébé joue à la poupée. Elle n'a aucune intention de servir d'arbitre mais sa su-suce trône comme un sifflet au milieu de son visage.

*Bébé* — Bvobvo bfou vivi.

*Future Maman* — Quoi ? Sophie ne te comprend pas quand tu parles avec ta su-suce.

*Bébé* — Bvobvo bfou vivi !

*Future Maman, jetant un coup d'œil appuyé à sa copine* — Enlève ta su-suce si tu veux que Sophie te comprenne, chérie.

*Bébé, détournant farouchement la tête pour conserver sa tétine en bouche* — Bvobvo bfou viviiii !

*Maman-qui-en-a-vu-d'autres, d'un air détaché* — Il fait dodo, ton beau bébé ?

*Bébé, satisfait* — Bvobvo. Bfou vivi.

*Maman-qui-en-a-vu-d'autres* — Ben oui, hein, un beau dodo.

Silence.

*Future Maman* — Ça ne te dérange pas que ta fille ait sa suce à la bouche toute la journée ?

*Maman-qui-en-a-vu-d'autres* — Moi, c'est une tasse de café, elle, c'est sa suce. Ça s'appelle la justice intergénérationnelle.

Pour marquer le coup, Maman-qui-en-a-vu-d'autres se ressert une énième tasse. Future Maman, elle, contemple sa tisane en songeant aux recommandations de son livre de chevet, *Votre enfant et la sucette, l'histoire de la première dépendance.*

*Future Maman* — Mais, euh, avec la sucette, t'as pas peur qu'elle finisse par parler tout croche, tout le temps?

*Maman-qui-en-a-vu-d'autres* — Ben non! C'est le contraire.

*Future Maman* — Hein?

*Maman-qui-en-a-vu-d'autres* — Ben oui! Tu sais, les cours de diction, dans l'Antiquité? Peut-être même dans les années 1950? Ils se mettaient des roches dans la bouche pour se pratiquer à articuler et après, quand ils enlevaient les roches, ils parlaient super bien.

*Future Maman* — Si je comprends bien, la suce, pour toi, c'est comme les roches?

*Maman-qui-en-a-vu-d'autres* — Oui, mais en plus doux.

*Future Maman* — Et en plus sécuritaire.

*Maman-qui-en-a-vu-d'autres* — Je n'y avais pas pensé, mais oui. Conçu pour les bébés, finalement. Au lieu de payer un cours de diction à Bébé quand elle va être plus vieille, je fais, euh...

*Future Maman, narquoise* — De la prévention?

*Maman-qui-en-a-vu-d'autres* — Exact!

*Future Maman* — Heille, toi tu l'as, l'affaire. C'est aussi pour faire de l'éducation précoce que tu la laisses tripoter des jouets trop petits? T'as jamais lu *No Lego*, toi?

*Maman-qui-en-a-vu-d'autres* — *No Lego*??? Pourtant, c'est tellement pratique pour avoir la paix.

*Future Maman, en marmonnant* — Elle n'a pas lu *No Lego*.

*Maman-qui-en-a-vu-d'autres* — Attends, attends, regarde. Tu vas voir, pour le truc de la diction, j'ai raison.

Stratégique, elle enlève la suce de la bouche de Bébé juste au moment où cette dernière est très occupée à empiler ses poupées les unes par-dessus les autres en marmonnant des « bvobvobvobvobvos ».

*Maman-qui-en-a-vu-d'autres* — Écoute, écoute. Elle va super bien parler, là. (Se tournant vers Bébé.) Ils font des beaux dodos, hein, tes beaux bébés ?

*Bébé, à pleines dents* — Bvobvo bfou vivi !

Silence.

*Maman-qui-en-a-vu-d'autres, perplexe* — Peut-être que ça prend vraiment des roches, finalement ?

Future Maman contemple la scène avec un air qu'on pourrait aisément prendre pour du mépris, sans doute parce que c'en est.

*Future Maman* — Tu sais, je peux te prêter *Une histoire de dépendance*, je l'ai déjà lu deux fois. Et puis j'ai aussi le numéro de téléphone d'une conseillère anti-tétine... Elle m'a dit que je pouvais l'appeler n'importe quand, alors j'imagine que...

Maman-qui-en-a-vu-d'autres pose bruyamment sa tasse sur sa soucoupe. « Dis donc, c'est bien de la tisane à la queue de cerise que tu bois, là ? »

*Future Maman* — Euh, oui, pourquoi ?

*Maman-qui-en-a-vu-d'autres, d'un air faussement inquiet* — Tu sais que ça peut déclencher les contractions, ce truc-là ? Je l'ai lu dans *Une grossesse parfaite, ou comment se faire chier avec des détails*. À six mois de grossesse, je ne sais pas si c'est prudent pour toi de...

*Future Maman, légèrement hystérique* — Hein ? C'est quoi ce livre-là ? Comment ça se fait que ma conseillère en nutrition prénatale ne m'en a jamais parlé ?

Elle tâte frénétiquement son ventre rebondi pour déceler les premiers signes de contractions.

*Maman-qui-en-a-vu-d'autres* — Si j'étais toi, j'irais tout de suite à la clinique.

Future Maman sort en trombe de la maison, son cellulaire à l'oreille. Maman-qui-en-a-vu-d'autres se ressert un café en sifflotant. Bébé s'approche d'elle.

*Bébé* — Su-suce ?

*Maman* — Tu veux ta su-suce ?

*Bébé, avec beaucoup de conviction* — Beau bébé, beau dodo.

Maman-qui-en-a-vu-d'autres éclate de rire. « Ah, ben oui. Fallait s'y attendre. Moi aussi, je t'aime, chérie. »

# Bonne pâte

Pendant la semaine de mars où l'école est lâchement fermée, pour éviter que les après-midis durent une éternité, on a chacun nos trucs. Moi, je fais des gâteaux aux bananes. De un, c'est super facile : on mélange tout dans n'importe quel ordre (ce n'est pas ce que dit la recette ? On s'en moque !) ; de deux, il y a toujours sur notre comptoir au moins deux bananes sur le point de pourrir.

Et Fille aînée adore me donner un coup de main, surtout pour nettoyer le bol – avec les doigts et la langue, évidemment. Aujourd'hui ne fit pas exception à la règle.

*Fille aînée* — Maman, est-ce que je peux manger le reste du mélange ?

*Moi* — Oui, mais tu en laisseras pour Bébé. Après sa sieste, je suis sûre qu'elle voudra y goûter.

Quelques minutes passèrent dans un silence absolu. Je l'ignorais encore, mais il était chargé de rancœur. Enfin, Fille aînée se décida à dégainer :

*Fille aînée* — Pourquoi je devrais en laisser ? T'en as pas laissé, la dernière fois.

*Moi, surprise* — Quelle dernière fois ?

*Fille aînée* — La dernière fois.

Vous avez des enfants, vous le savez. Pour eux, simplement dire « la dernière fois », c'est limpide. Pour nous, dans notre cerveau, c'est du gruau.

Puis, me revinrent quelques flashs de la fois où, à la dernière Saint-Valentin, j'avais fait un renversé aux cerises comme dessert surprise. Je croyais qu'ainsi je créerais dans l'esprit des membres de ma famille le souvenir impérissable de la chaleur et de l'amour maternel qui s'est activé en secret aux fourneaux pour le simple plaisir de leur estomac, mais non. Dépassement maternel, j't'en fous. Ce soir-là, tout ce que Fille aînée avait retenu, c'est qu'à la Saint-Valentin elle n'avait pas eu droit aux restes du mélange pas cuit.

*Moi, d'une logique implacable* — La dernière fois, c'est la dernière fois. Aujourd'hui, c'est aujourd'hui. Tu en laisses à ta sœur.

*Fille aînée* — C'est sûr que toi, tu ne veux pas que je t'en laisse. Tu l'as toute mangée toute seule la dernière fois.

M'apparut alors dans une clarté aveuglante le fait que Fille aînée avait compris de la dernière fois que non seulement elle n'avait pas eu de pâte, mais que c'était moi qui l'avais toute avalée en ricanant.

*Moi* — Même si je l'avais toute mangée la dernière fois, ça ne change rien au fait que tu dois en laisser pour ta sœur.

*Fille aînée* — Tu l'as toute mangée!

*Moi* — Mais non!

*Fille aînée* — Mais qu'est-ce que tu en as fait, alors?

*Moi* — Mais j'ai rincé le plat dans l'évier!

*Fille aînée* — Ah.

Les hostilités étaient terminées. Je suis d'ailleurs très satisfaite de mentionner que, dans le «Ah» de Fille aînée, on sentait la défaite.

Bon, la dernière fois, c'est vrai que j'avais tout mangé. Et alors ? On donne tellement facilement raison aux enfants de nos jours. Tricher un peu, ça fait quand même un petit velours.

## Reproduction, mensonges et mousse au chocolat*

Moi, je dois vous dire franchement, en tant que parent, je ne crois plus tellement à l'honnêteté.

Bon, c'est connu, on se laisse tous aller parfois à quelques mensonges qui facilitent la vie en société : vous savez, quand on dit des choses comme « oui, moi ça va très, très bien ! » ou « le chien a mangé mon rapport urgent », ou bien « chéri, j'espère que c'était aussi bon pour toi que pour moi »… Avouons-le, nous chérissons le petit mensonge innocent, si utile pour huiler les rouages d'une vie déjà tellement compliquée.

Mais, devenir parent, c'est se découvrir un instinct féroce pour le mensonge. Pire que tout ce que vous pouviez imaginer. Se transformer en véritables machines à tromperies, voilà le destin qui nous attend.

Déjà, être enceinte est un merveilleux moment pour commencer une nouvelle vie de mystification. Un souper interminable chez de vagues collègues de travail, et vous voilà portant une faible main à vos sourcils froncés : « Je ne sais pas si c'est la grossesse, mais je suis terriblement fatiguée. Cette soirée est absolument magique, mais je crois qu'il vaut mieux rentrer à la maison. Nous pouvons amener notre portion de mousse au chocolat avec nous, si vous insistez… » Vous voilà donc dans votre lit à neuf heures et demie. Crevée de fatigue, vous plongez immédiatement dans un sommeil lourd, n'est-ce

---

\* Chronique radiophonique diffusée le 29 mars 2008 à l'émission *Nulle part ailleurs*, Radio-Canada, Sudbury.

pas? Pas du tout! En réalité, vous êtes en pleine forme et vous profitez de votre liberté retrouvée pour écouter en rafale des épisodes de *Lost* jusqu'à une heure du matin. La mousse au chocolat est divine, et le plat dans lequel vos hôtes vous l'ont gentiment offerte est tout à fait charmant. Vous prétexterez l'avoir brisé afin de ne jamais avoir à le rendre. Crédules comme vous les connaissez, ils ne se douteront de rien.

Voyez comme déjà la maternité instille en vous des instincts bas et manipulateurs! Et, mes chers amis, ce n'est qu'un début.

Lorsque vous avez accouché, vous continuez votre vie de mensonge. «Quel beau bébé!», s'exclament les gens autour de vous. «C'est un vrai petit paquet d'amour, hein, un bébé? Tu dois être tellement heureuse!» Le petit paquet d'amour, il ne dort que trois heures par nuit, vous ravage les mamelons avec sa soif incessante et vous entretient le post-partum à coup de coliques aiguës pendant deux heures chaque soir, mais vous répondez avec un sourire extasié que oui, votre nouvelle vie est merveilleuse. Fantastique. Un vrai rêve rose. Puis, vous prétextez (encore un mensonge) une envie pressante et vous vous précipitez aux toilettes pour enfoncer sauvagement des aiguilles dans votre poupée vaudou de secours, en maudissant ces jovialistes qui ne feront même pas la vaisselle avant de partir.

Votre bébé grandit et, ensuite, la garderie constitue une mine inépuisable d'occasions pour pratiquer votre nouveau sport favori. Lorsqu'une éducatrice cernée vous demande si Bébé, par hasard, aurait commencé ces derniers temps à faire des caprices pour tout et pour rien, vous répondez, les yeux clairs et la voix pure, que «Non, c'est étrange, Bébé n'a pas récemment adopté un tel comportement à la maison». En fait, ce que vous taisez farouchement, c'est que Bébé, depuis qu'elle a fait la transition utérus-atmosphère, vous empoisonne constamment la vie avec ses demandes toutes plus extravagantes les unes que les autres. Par exemple, oui, vous laissez Bébé s'enfoncer des asperges dans les oreilles pour jouer à Jojo le lapin vert parce que vous en avez tout simplement marre de vous battre. Enfin bref, elles ne datent pas d'hier, ces fantaisies grotesques et, strictement parlant, c'est donc une demi-vérité que vous avez dite à l'éducatrice. Mais derrière toute grande demi-vérité se cache un énorme demi-mensonge duquel, avouez-le, vous ne pouvez plus vous passer.

Rappelez-vous votre dernière visite au centre dentaire. Deux nouvelles caries chez Junior? Comment diable est-ce possible? «Vous lui passez la soie dentaire tous les soirs, n'est-ce pas?», vous demande le dentiste. La soie dentaire! Mais oui, vous la lui passez! Enfin, vous la lui avez déjà passée... Une fois. Vous avez encore les marques de morsures sur vos doigts pour en témoigner. Maintenant, vous la lui passez sous le nez, en espérant qu'il comprenne un jour comment s'en servir. «Lui offrez-vous des sucreries?», poursuit le bon docteur. «Des sucreries?» Vous battez convulsivement des paupières le temps de vous donner une contenance. «Euh, des sucreries? Non, je ne vois pas... Des fruits, parfois des cacahouètes...» Des cacahouètes enrobées de chocolat, oui! Et parfois, en guise de fruits, ces petits bonbons en forme de framboises que vous adoriez petite, que vous adorez toujours, et qui causeront encore certainement des tas d'ennuis dans votre secteur buccal et celui de vos héritiers.

Certains nullipares, outragés par ces fourberies, se demanderont à ce stade si nous osons aussi mentir à nos enfants. Mais tout le temps, voyons! Je ne voudrais pas révéler toute l'étendue de notre hypocrisie parentale à la radio, pendant les heures d'écoute familiale; j'aurais trop peur des poursuites. Je préfère carrément changer de sujet. Tiens, le père Noël, il est passé chez vous cette année? Et le lapin de Pâques? Et la fée des dents? Oui, n'est-ce pas? Ils sont tellement fiables, les bougres, s'ils n'existaient pas, il faudrait les inventer.

Bon, je m'amuse follement avec vous, cette matinée est absolument magique, mais voyez-vous y'a la petite qui a mangé le chien qui avait mangé mon rapport urgent et... euh... je dois absolument y aller. J'espère que c'était aussi bon pour vous que pour moi...

## Sœur fou rire

Les filles, en tondant le gazon ce matin, j'ai eu une révélation. Bien entendu, je me suis tout de suite précipitée vers Père indigne pour lui en parler.

*Mère indigne* — Chéri, en tondant le gazon ce matin, j'ai eu une révélation. Bien entendu, je me suis tout de suite précipitée vers toi pour t'en parler.

*Père indigne* — Ne me dis pas que tu as compris que j'étais fantastique ?

*Mère indigne* — Bien sûr, tu es forminable, comme dirait Bébé. Mais non, ce n'est pas ça. J'ai eu un flash. Quand j'allais à l'école au collège de sœurs, en secondaire 1 et 2, y'avait sœur Pauline. Elle nous fascinait parce que, contrairement à la majorité de ses collègues, elle avait eu la vocation sur le tard. Je me souviens encore quand elle nous avait raconté qu'elle s'était mariée, qu'elle avait eu deux enfants, et qu'à trente-deux ans elle avait reçu l'appel du Seigneur.

*Père indigne* — Wow.

*Mère indigne* — Ben, c'est ça qu'on se disait ! Wow ! Elle avait un couple, une famille, mais l'appel de Dieu était si fort qu'elle a quand même tout laissé tomber pour s'enfermer dans un couvent. Le renoncement total. Mais ce matin, j'ai compris. Tu vois ce qu'elle a fait, sœur Pauline ?

*Père indigne* — Elle s'est barrée.

*Mère indigne* — Ex-ac-te-ment !! Elle s'est barrée ! La vie de famille, le mari, les petits monstres, les repas, les couches, les crises, les lunchs, le gazon… Elle en a eu marre et bonsoir la visite ! Allez que je m'enferme toute seule dans ma petite chambre avec ma bible et mes romans policiers, je deviens une sainte femme et j'ai la sainte paix. Alors là, chapeau, sœur Pauline ! Un vrai coup de génie ! Elle doit encore en rire dans son lit le soir, en lisant le dernier Lawrence Block. (Silence admiratif.) Le pire, tu sais c'est quoi ?

*Père indigne* — Quoi ?

*Mère indigne* — Un jour, sœur Pauline m'avait demandé de rester avec elle après la classe. Quand toutes les autres élèves ont été parties, elle s'est penchée vers moi, m'a regardée droit dans les yeux, et m'a annoncé solennellement que Dieu avait besoin de moi. J'étais terrorisée.

*Père indigne* — Laisse-moi deviner. Maintenant, tu commences à trouver ça moins effrayant.

*Mère indigne* — L'appel de Dieu, chéri. L'appel de Dieu... Je le sens, LÀ ! Il y a comme une force irrésistible qui prend possession de moi, une soif inextinguible de Le servir...

*Père indigne* — Ça va quand même impliquer que tu renonces à pas mal de trucs, foie gras et Barsac pour commencer.

*Mère indigne* — Oh ! Attends, je ne t'ai pas dit le meilleur. Dieu a seulement besoin de moi une semaine. Dans un Club Med. Ensuite, il se peut qu'il ait encore recours à mes services, mais de manière toujours très ponctuelle.

*Père indigne* — Ta soudaine vocation a l'air un peu trop taillée sur mesure.

*Mère indigne* — Les voies de Dieu sont impénétrables. Et c'est comme ça qu'on les aime.

## Un amour interminable

Comme vous le savez tous (oui, tous!), je termine depuis maintenant plusieurs années un doctorat en philosophie. Et ça serait bien que je le finisse pour de bon très bientôt, parce que la philosophie, comme je m'en rends parfois compte, ce n'est pas très bon pour le couple.

C'est vrai, quoi. Parfois, moi, je discute d'un point de vue com-plè-te-ment détaché des contingences de la vie. Je suis dans le méta-discours, mes loulous. Ça, c'est le discours au sujet du discours, loin, très loin, que dis-je, à une distance intergalactique du plancher des vaches.

J'hypothèse. Je théorise. J'épistémologise. Et soudainement, alors que je m'y attends le moins, on se met à me prendre au sérieux.

C'est pas juste.

*Mère indigne* — L'autre jour, je suis tombée sur un site Web qui croyait que la nanotechnologie permettrait un jour à l'homme de devenir quasi immortel.

*Frère indigne, venu souper à la maison avec Belle-Sœur indigne* — De quelle manière?

*Mère indigne* — Bon, j'ai pas tout compris, mais certaines personnes pensent qu'avec la nano on pourrait vivre au moins 300 ans. Tu t'imagines, vivre 300 ans?

Le regard de Mère indigne, rêveur, croise soudain celui de son tendre époux. «Tu t'imagines, chéri? Trois cents ans. Je ne pense pas que l'humanité pourrait continuer à fonctionner avec son schème idéalisant de couple-heureux-vivant-ensemble-pour-toujours. »

*Père indigne* — Qu'est-ce que tu veux dire ?

*Mère indigne* — C'est évident. À la limite, c'est faisable de passer, disons, cinquante ans avec la même personne. Mais cent ? Cent cinquante ? Deux cent cinquante ?? Les manies de l'être aimé doivent commencer à vous tomber sérieusement sur les nerfs. « Georges, voilà 208 ans que je vous regarde vous gratter l'entrejambe tous les matins que Dieu a créés. J'en ai marre. Élargissons nos horizons. Vous m'avez eue toute à vous pendant plus de 200 années, je me barre pour les 40 prochaines. »

(Notez comme Mère indigne théorise. Aucune référence à son vécu personnel. Que de l'hypothèse, de la supputation, de la conjecture ridicule sans véritable fondement. Une vraie pro.)

*Père indigne* — Moi, je pourrais t'aimer pendant 300 ans.

(Notez maintenant comme Père indigne personnalise le débat. « Moi », « je », « t'aimer ». C'est un incurable romantique, Père indigne, et Mère indigne, elle, est trop prise par la dimension intellectuelle fascinante du débat pour remarquer qu'elle enfile gaffe sur gaffe.)

*Mère indigne* — Moui, enfin, si Georges est un bon compagnon de route, je peux comprendre qu'on reste avec lui. Pourquoi tout changer à 175 ans pour se rendre compte de toute manière que tous les hommes sont des gratteurs d'entrejambe compulsifs ? Par contre, vivre 250 ans avec la même personne, j'aime autant te dire que la monogamie, c'est foutu.

Père indigne se tait.

*Mère indigne* — Non, sérieusement. C'est *mort*.

Belle-Sœur indigne ferme à demi les yeux, comme quelqu'un qui voit de très près un 45 tonnes se diriger tout droit vers la grande muraille de Chine sans freins.

*Mère indigne* — Déjà que... T'as vu les études? C'est à peine si certaines personnes peuvent attendre cinq ans avant de se gratter l'entrejambe devant une nouvelle conquête. Cinq ans, voyons, qu'est-ce que je dis là, moi? Cinq *jours*.

*Belle-Sœur indigne* — Ils ont fait un épisode sur ce sujet-là dans une série télé américaine, *Curb your enthusiasm*. Le mari et la femme renouvelaient leurs vœux de mariage et, dans le discours de la femme, elle parlait d'amour éternel, blablabla. Le mec s'énervait en disant qu'il n'avait pas signé pour ça.

*Mère indigne, à son mari chéri* — Ben tu vois? Je ne suis pas la seule à avoir des inquiétudes du genre! L'éternité, en plus, tu t'imagines.

*Père indigne, un véritable* diable's advocate *qu'on peut presque soupçonner d'encourager Mère indigne dans sa spirale infernale de raisonnement fâcheux, vu le petit sourire qu'il a aux lèvres* — Moi, si on vivait éternellement, je continuerais à t'aimer quand même. Et même après ma mort, si le paradis existait, je t'aimerais toujours.

Frère et Belle-Sœur indigne parient discrètement sur l'issue de la lutte. Uxoricide ou maricide? Mère indigne ne part pas favorite, et ce n'est pas près de s'arranger.

*Mère indigne* — Le paradis? Woah, minute! Le paradis? Mais... mais... le mariage est un contrat qui unit deux personnes vivantes, là. Si le paradis existe, j'exige la table rase, moi! Non, mais quoi encore? Même rongés par les vers, on va aussi continuer à se taper l'hypothèque?

Frère indigne manifeste son accord en se grattant discrètement la zone du kiki.

*Père indigne, refermant le piège avec un talent et une ruse exemplaires* — Dis donc, juste pour savoir, ça te prendrait combien de temps, à toi, pour vouloir changer de mari?

*Mère indigne, comprenant subitement que son discours épistémologique sans fondement dans la vraie réalité avait été perçu comme une déclaration d'intention sur des projets personnels* — À moi? Pour vouloir changer de...? Mais, voyons! Il n'est pas DU TOUT question de nous deux, ici! Je... je théorisais! J'hypothésais! Je méta-discourais, cibole! Tu sais bien que je t'aimerai éternellement. C'est sûr. Pas de trouble. C'est comme si c'était fait.

Silence dans la salle.

*Belle-Sœur indigne* — Bien essayé, mais trop tard.

⁓

Quelques jours plus tard, Mère indigne ayant réussi par des manœuvres connues d'elle seule à se raccommoder avec un Père indigne (qui faisait semblant d'être) ébranlé, il fallut aller au dépanneur afin de renouveler le stock de lait. Autre preuve de sa bonne volonté, Mère indigne se sacrifia.

À la caisse, une vieille dame discutait avec le commis.

*Vieille dame* — Moi, Monsieur, je ne me suis jamais mariée. Jamais! C'est la meilleure décision que j'ai prise de toute ma vie.

*Mère indigne, curieuse* — Avez-vous aussi réussi à éviter les enfants?

*Vieille dame* — Non... J'ai des jumelles. Mais le père est mort. Il est bien, il est avec Dieu, et bon débarras. La maudite paix.

*Mère indigne* — Ce n'est pas pour vous inquiéter inutilement, Madame, mais si le paradis existe, votre Roger, là, il est probablement en train de vous attendre en se les grattant.

## Inédit
## Un amour irrévocable

Bon, je vous connais, les filles. Et les gars.
Vous avez lu l'anecdote qui précède et vous vous êtes dit, « quand même, Mère indigne, elle est dure avec son mari. Elle exagère. Lui qui est si bon pour elle, si aimant, si doux, si meilleur qu'elle pour changer des couches pleines – ce n'est pas pour rien qu'elle lui délègue tout le temps cette responsabilité ».

Eh bien, Père indigne aussi a renié notre amour, un jour.

En prenant connaissance des faits que je vais vous révéler, vous comprendrez peut-être que la méchanceté de Mère indigne, loin d'être gratuite, constitue en fait un mécanisme de survie destiné à guérir de profondes blessures. (Poil au fémur.)

Ainsi donc, il y a quelques années…

*Agent d'assurance* — Alors voilà, maintenant, en ce qui concerne le/la bénéficiaire de vos polices d'assurance, je mets le nom de madame sur le formulaire de monsieur, et vice-versa ?

*Père indigne* — Oui.

*Mère indigne* — Oui, je le veux !

*Agent d'assurance* — Hum. Oui. Bon. Maintenant, il faut décider si votre bénéficiaire aura un statut révocable ou irrévocable.

*Père et Mère indigne* — C'est-à-dire ?

*Agent d'assurance* — Si votre bénéficiaire est révocable et que vous changez d'avis sur son statut de bénéficiaire, vous n'avez pas besoin de son accord pour faire un changement à la police d'assurance. Par contre, s'il est irrévocable, vous devez lui demander la permission pour l'enlever comme bénéficiaire.

*Père indigne* — Et vous nous conseillez quoi ?

*Agent d'assurance* — En fait, c'est pas compliqué, tout le monde choisit « révocable ». C'est tellement plus facile en cas de problème, comme un divorce, par exemple.

*Père indigne* — Bon, si c'est plutôt la coutume de mettre « révocable », ça va pour moi.

Mère indigne, qui sait reconnaître une situation porteuse de multiples gags aux dépens de son époux quand elle en voit une, n'en revient pas de sa chance. Elle déclare solennellement : « Eh bien, pour moi, ce sera IRRÉVOCABLE. »

Père indigne et l'agent d'assurance regardent Mère indigne, bouches bées. L'agent d'assurance se demande s'il doit vraiment insister pour mettre en doute la solidité du couple indigne, et Père indigne se demande comment il a été assez idiot pour se fourrer dans un pétrin pareil.

*Père indigne* — Je ne veux pas mettre la solidité de notre couple en doute, chérie. C'est juste que... si notre agent d'assurance nous conseille de...

*Agent d'assurance* — Hum. C'est que ça peut être tellement plus facile en cas de, euh...

*Mère indigne* — Soyons clair, Monsieur l'agent. Si jamais l'un de nous deux mourait, on n'aurait pas besoin de sa signature pour changer de bénéficiaire ?

*Agent d'assurance* — Bien... non, évidemment...

*Mère indigne* — Alors, le seul problème possible, c'est si on divorce ?

*Agent d'assurance* — Hum, eh bien... oui...

*Père indigne* — M'enfin, chérie, si c'est ce que tout le monde...

*Mère indigne, théâtrale (et très réjouie de voir Père indigne dans le* big trouble*)* — Mon chéri. Si tu crois qu'un jour tu voudras divorcer, ou si même tu ne le crois pas encore mais que tu peux envisager une telle éventualité, choisis « révocable ». N'hésite surtout pas pour moi. Mais ne m'en veux pas si, pour ma part, je choisis le rêve et l'idéal, le bonheur de la vie à deux, avec toi, pour l'éternité. Oui, cher agent, cochez la case « irrévocable » sur mon contrat. Je fais fi de la mesquinerie de notre époque. Après tout, c'est de notre amour qu'il est question.

*Père indigne et l'agent d'assurance* — ...

*Mère indigne* — Gnac, gnac !

*Agent d'assurance, toujours pas convaincu* — Alors pour madame, je coche...

*Mère indigne, d'un ton triomphal* — IRRÉVOCABLE !

*Agent d'assurance* — Et pour monsieur, donc, ce sera...

*Père indigne* — Irrévocable, irrévocable. Bordel. Sinon, je vais en entendre parler pendant des années.

Voyez donc, ô lecteurs, quelles épreuves cuisantes Mère indigne a rencontrées sur son difficile parcours, et comprenez que c'est sans doute pour ça qu'elle est parfois si méchante.

Et c'est probablement aussi pourquoi Père indigne, malgré son amour finalement irrévocable, se fera encore rebattre les oreilles de cette histoire. Pour l'éternité.

Gnac, gnac !

## Le sadisme, la brutalité et autres passe-temps familiaux (une demi-fiction cathartique)

Le grand problème de Fille aînée, c'est qu'elle n'arrive pas à s'adapter à notre époque.

Elle est contre la barbarie, vous vous imaginez ? Et ça peut vraiment devenir emmerdant.

Exemple : je veux que Bébé termine son assiette de crevettes. Que faire ? Moi, j'en prends une entre mes doigts, je la fais frétiller gaillardement, je prends une voix de crevette et je dis : « Non, non Madame, ne me mangez paaaaas ! J'ai une femme et des enfants ! Pitié, je vous en prie, piti- » et gloups ! Je l'avale. Bébé, qui est une créature bien en harmonie avec notre ère dégénérée, rigole et avale le reste de ses crevettes en étouffant leurs cris de protestations par des « z'a besoin ! z'a le D'OIT ! » bien sentis.

En fait, Bébé aimerait bien que nous allions pêcher nous-mêmes nos crevettes. Au bazooka. En nous curant les dents avec un sabre japonais. Et en souillant la faune et la flore marines de nos râclures de gorge bilieuses et de nos pipis corrosifs. Pour vous dire toute la vérité, la réputation de Bébé est telle qu'il y a le président des États-Unis qui a appelé à la maison pour savoir si elle voulait être son V.-P. Mais quand Bébé a appris que les États-Unis étaient encore une stupide démocratie et non une tyrannie pleine de potentiel, elle a refusé.

Bref, avec Bébé, cuire les crevettes n'est qu'un prélude à leur torture psychologique. De l'amusement normal et hygiénique, quoi.

Mais, allez savoir pourquoi Fille aînée regimbe. Fille aînée, elle, aimerait mettre au point une potion magique de vie pour faire ressusciter les crevettes grillées – z'imaginez les maux de ventre.

*Mère indigne tendant une crevette artificiellement frétillante à Bébé* — « Oh, non, Madame, je vous en prie ! Ne me mangez pas ! »

*Bébé* — Ha, ha ! (Gloups !)

*Fille aînée* — Maman.

*Mère indigne* — « Songez à mes enfants, qui deviendront orphelins et n'auront plus personne à blâmer pour leurs malheurs ! »

*Bébé* — Hi, hi ! (Croque !)

*Fille aînée* — Maman...

*Mère indigne* — « Songez que je n'ai pas encore fait mon pèlerinage à la faille de San Andreas, moi qui l'avais promis à ma pauvre mère avant que le gros requin la rattrape ! »

*Bébé* — Ho, ho ! (Crounche !)

*Fille aînée* — Maman !!

*Mère indigne* — « Songez en outre que je viens de me faire refaire la poitrine à prix d'or et que mon mari n'a même pas encore pu en profiter ! Pauvre crevette que je suis, mon sort est bien douloureux ! »

*Bébé* — Qu'est-ce qu'on se marre ici, saperlotte de cornegidouille ! (Slurp !)

*Fille aînée* — Maman, arrête ! Tu sais que je déteste quand tu fais ce genre de blagues.

*Mère indigne* — Écoute, chérie, ce n'est pas que je n'en suis pas consciente. Mais il faudra que tu t'adaptes à une dure réalité : l'estomac de ta sœur est plus important que ta belle sensibilité. Pas mal plus, même, je dirais.

*Fille aînée, insultée, dit ce qu'il ne fallait pas dire* — Moi, en tout cas, je ne ferai jamais ça à mes enfants. C'est vraiment, euh, pas bien.

Le regard de Mère indigne se transforme alors sous vos yeux effarés mais éblouis : il devient froid. Sévère. Impénétrable. Reptilien.

Pas content.

Ça va mal se passer, mes tout-petits. Vous le sentez. Vous avez raison.

(En même temps, c'est ici que la fiction cathartique commence. Autrement dit, je me défoule en vous racontant du pas vrai. Z'a besoin, z'a le d'oit.)

*Mère indigne* — Laisse-moi te raconter une merveilleuse histoire, chérie. L'histoire de ta conception. Comme tu le sais peut-être (je ne sais pas où vous en êtes avec ce récit dans la cour d'école, mais je tiens pour acquis que, hein), tu es composée à moitié de l'ovule de maman, qui ressemblait à un grand soleil magnifique, et du spermatozoïde de papa, qui avait une gueule de petit têtard hargneux.

*Fille aînée* — Un têtard, hin hin...

*Mère indigne* — Mais oui, un têtard. Hargneux. Et ta moitié têtard a dû se dépêcher, aller très très vite pour rejoindre ta moitié soleil. Parce que tu n'étais pas toute seule, mon amour. Ôôôôô que non. Vous étiez plus de deux cent cinquante millions à faire le sprint de l'amour. Deux cent cinquante *millions*. Plus de 62 millions de fois la population de notre maison. C'était la course, chérie. À fond la caisse.

*Fille aînée, impressionnée* — Et c'est moi qui ai gagné ?

*Mère indigne* — Oui, tu as gagné la course. Mais tu dois savoir que cette course, c'était aussi une course contre la MORT.

*Fille aînée* — (Cligne, cligne.)

*Mère indigne* — Parce que tu sais ce qui est arrivé quand tu as touché le soleil en premier ? Quand tu as crié « Hourra ! J'ai gagné ! Z'êtes nuls, les mecs ! » ? Tu sais ce qui s'est passé ?

*Fille aînée* — N... non ?

*Mère indigne* — Les autres, ils sont tous morts. Tu comprends ? Morts. *Morts*.

*Bébé, réjouie* — Hou, hou !

Fille aînée écarquille les yeux. On peut y lire l'incertitude (« ma mère est quand même susceptible d'exagérer... ») mais aussi l'horreur (« ... quoique peut-être pas »).

*Mère indigne* — Au cas où tu entendrais cette expression, le « péché originel », ben c'est ça. Tu avais du sang sur les mains alors que tu n'avais même pas encore de mains. Et même pas encore de sang, en fait.

Silence.

*Mère indigne* — Alors j'aimerais vraiment que tu te souviennes, ma chérie, que quand ta mère bouffe une crevette elle n'en tue pas 250 millions en même temps, elle.

Fille aînée baisse la tête, repousse son assiette et descend dans sa chambre. Du sous-sol, on entend vaguement Queen chanter *Love Kills*.

*Père indigne* — C'était vache. Et c'était même pas une bonne analogie.

Mère indigne laisse poindre un rictus satisfait.

*Fille aînée, au loin* — Un jour, je la mettrai au point, cette potion magique ! Et toutes les crevettes que vous avez mangées reviendront vous hanter !

*Mère indigne, sans pitié* — Tu ne pourras PAS ! Pour ta potion, ça va te prendre des yeux de grenouilles et des ailes de chauve-souris, et tu n'oseras PAS leur faire du mal ! Na-na-nèreuh !

Plus tard, cette nuit-là, j'ai rêvé que 250 millions de crevettes me menaçaient avec leurs bazookas, en souillant mon lit de leurs crachats bilieux et de leurs pipis corrosifs. En me réveillant, j'ai dû me précipiter à la salle de bain.

Grosse indigestion.

Mais ce n'était sûrement qu'une coïncidence.

# À névroses, névroses et demies*

Chers enfants,
Moi, je dois vous dire franchement, en tant que parent, je ne crois plus tellement à la santé mentale. Et, soyons honnêtes, en particulier à la vôtre.

Oui, oui, c'est à vous que je m'adresse, les tout-petits. Surtout aux 0-5 ans, et même si je suis sûre que vous allez faire semblant de ne pas me comprendre. Je les connais, vos trucs, bande de petits malins.

Non, sérieusement, vous avez beau être petits, il y a quand même certains de vos comportements qui sèment le doute dans la classe adulte au sujet de votre capacité future à vous intégrer dans notre belle société.

Par exemple, cette manie que vous avez de ne pas vouloir prêter vos jouets. Ce n'est pas beau. Au cas où vous ne l'auriez pas remarqué, on vit dans la grande famille humaine. Il faut de l'harmonie pour que ça fonctionne. Si déjà, à un an et demi, Nicolas ne veut pas prêter ses petites autos à Alexandre, c'est un mauvais début dans la vie et c'est toute l'humanité qui en souffre. Parce que ça crée de la chicane, et nous, les parents, la chicane, on n'aime pas ça. Ça nous fait de la peine de voir vos petits yeux rougis et vos habits déchirés (surtout que les t-shirts de Dora, ça ne pousse pas dans les arbres). Ça nous fait de la peine, et ça nous dérange dans la lecture de notre roman policier. Et ça, c'est très, très grave. Parce qu'ensuite, nous, les

---

* Chronique radiophonique diffusée le 31 mai 2008 à l'émission *Nulle part ailleurs*, Radio-Canada, Sudbury.

adultes, ça nous met de mauvaise humeur et on décide de se chicaner entre nous et, si jamais il y a encore la guerre cette année, ça va être entièrement votre faute.

En plus, les méchants enfants qui ne prêtent pas leurs jouets, vous savez ce qu'ils deviennent plus tard? Ils deviennent des méchants gérants de banque qui ne veulent pas prêter leurs sous aux parents qui en ont désespérément besoin pour s'acheter une deuxième voiture. Et si on n'a pas de deuxième voiture, qui va en souffrir, hein? C'est vous, mes chers petits. Parce que lorsque vous serez en âge de conduire, si on n'a qu'une seule voiture, on ne va certainement pas vous la prêter.

Pendant qu'on y est, crevons un autre abcès. Les enfants, franchement, c'est quoi cette manie de pleurer pour tout et pour rien? Vous voulez du jus dans le verre rouge, et il suffit qu'on vous le donne dans le verre jaune pour que vous nous déchiriez les tympans pendant une demi-heure avec vos cris d'éléphant blessé à mort comme si on avait, sans faire exprès évidemment, mis votre nounours préféré à la poubelle. Et ça n'arrive pas qu'une fois par semaine, oh que non. Plusieurs fois par *jour*, les cocos. C'est un signe, ça. Un signe que ça ne tourne pas très rond là-dedans...

Oui, je sais, parfois maman se fâche elle aussi. Et parfois, on dirait qu'elle se fâche pour rien. Par exemple, la fois où j'ai pleuré et mis tout le monde à la porte parce que vous aviez barbouillé mon Sudoku. Mais ce n'était pas pour rien que je m'étais choquée, j'allais le réussir pour une fois! Et de toute manière, quand maman se met en colère, elle a toujours une bonne raison. En général, maman, quand elle se fâche, c'est parce qu'elle est dans son SPM, scientifiquement appelé le «boléro des hormones». C'est un phénomène prouvé médicalement: maman est victime de pulsions qui sont hors de son contrôle.

Et ça, ce n'est pas comme vous. Vous, mes chers petits, vous n'avez aucune raison d'être agressifs, parce que, médicalement, on a prouvé que les 0-5 ans, ils n'ont pas encore d'hormones. Enfin, c'est ce que j'ai lu dans le dernier numéro du, euh, je sais plus trop... Mais bon, peu importe, de toute manière, vous ne savez pas lire. Et si vous me contredisez encore une fois, je vous préviens, ça va barder.

Finalement, il faut qu'on s'assoie pour discuter de votre dépendance aux friandises. Sérieusement, le goût de la plupart des bonbons... Horrible! C'est chimique à mort, et ça ne goûte même pas ce que c'est censé imiter. Prenez les bonbons en forme de baleines. Non seulement ça ne goûte pas les baleines, mais en plus il n'y a même pas de vraies baleines dans les ingrédients! Alors que moi, dans le daiquiri aux fraises que je suis en train de me préparer, il y a du vrai jus de fraise bon pour la santé! En tout cas, il y en a un petit peu. Et dans le gin tonic que je vais prendre après, c'est encore mieux! Il n'y a pas de fruits bons pour la santé dans le gin tonic, mais le gin, ça vient d'une plante qu'on appelle le genièvre, et les plantes, mes petits amis, c'est nécessairement plein de vitamines, et ça montre que je suis proche de la nature. Ce n'est pas comme vous avec vos M&M industrialisés.

Décidément, les enfants, quand je vous vois agir parfois, je suis un peu pessimiste pour le futur de notre belle planète. Mais je me dis qu'heureusement nous sommes là, nous, les adultes, pour essayer de vous rendre meilleurs.

# Inédit
## Pinocchio serait fier de moi

17 h 30.

Mère indigne est en grand questionnement existentiel. Va-t-elle préparer, pour elle et sa petite famille, un repas complet certifié ISO-2010 à base d'ingrédients frais et nutritifs ? Ou se laissera-t-elle ensorceler par le chant de la sirène de la pizza ?

Pfff. Trop facile à résoudre, comme dilemme.

Elle s'apprête à décrocher le combiné d'un téléphone qui se met (ça n'arrive d'ordinaire que dans les livres) à sonner.

*Voix féminine extrêmement sympathique et enthousiaste –* BONSOIR MADAME INDIGNE !!! Vous allez bien ?

Mère indigne ne voit pas le sourire de son interlocutrice, mais elle le sent jusque dans ses trippes.

Et Mère indigne n'est pas née d'hier. Elle sait bien qu'une voix extrêmement sympathique et enthousiaste ne peut signifier que deux choses : une évaluation sans frais pour le remplacement de ses portes et fenêtres, ou bien le désir ardent d'obtenir son avis non éclairé au sujet des services de téléphonie résidentielle.

Mais raccrocher d'office, sans même répondre à son enjouée interlocutrice ? Mère indigne ne le peut point. Sa maman lui a appris la politesse, une tare dont on ne se débarrasse qu'avec les plus grandes difficultés.

Et ils le savent, ces intrigants de télémarketeurs.

*Mère indigne, tétanisée tel un chevreuil aveuglé par les phares d'une voiture —* Vouiçava.

*Dame extatique* — Parfaiiiit! Madame indigne, j'ai un cadeau pour vous qui vous rendra encore plus HEUREUSE!

*Mère indigne, reprenant espoir* — Ne me dites pas que les sex-shops se sont mis à la vente par téléphone?

*Dame ébranlée* — Euh... non... Hum. (On sent l'effort, mais le sourire revient.) En fait, je ne sais pas si vous vous souvenez, mais vous avez rempli un formulaire il y a quelques années à la boutique de vêtements de maternité Éléphant élégant.

Mère indigne se souvient. Elle revoit dans son esprit, avec une clarté étonnante, la petite case qu'il fallait absolument cocher pour avoir le rabais sur la robe parachute: « J'accepte de recevoir des offres promotionnelles pour le reste de ma vie et au-delà ». Elle croit même qu'elle avait accepté de signer avec son propre sang. C'était demandé si gentiment.

*Mère indigne* — Je ne me souviens de rien.

*Dame qui en a vu d'autres* — Notre offre consiste à vous envoyer gratuitement trois magnifiques ouvrages qui instilleront en votre enfant la magie de Disney.

*Mère indigne* — Je connais les sept nains et les cent drillons, mais je n'avais jamais entendu parler des dix nez.

*Dame imperturbable* — Disssneyyy. *Walt* Disney. Votre enfant adorera les aventures classiques de Blan-

*Mère indigne* — Oh. Mais Madame, je n'ai pas d'enfants.

Oui, mes amis. Allez hop: affirmer qu'on n'a pas d'enfants. Juste comme ça, pour rire. Comme il est doux et délicieux, le frisson du déni parental.

*Dame toute mêlée* — Mais... mais vous avez quand même acheté des vêtements de maternité et inscrit une date prévue d'accouchement? Sur le formulaire?

Mère indigne hésite. Jusqu'où aller dans la perversité? Toute seule, elle n'oserait pas. Mais heureusement, vous êtes là, chers lecteurs, pour lui donner du courage. Alors, qu'à cela ne tienne! Vous irez jusqu'au bout, ensemble! Ceux qui appellent à l'heure du souper pour vous parler de Blanche-Neige, ils n'ont pas droit à la politesse. Embrassez l'outrage la bouche grande ouverte et la langue aux quatre vents. Crachez dans l'œil du diable!

*Mère indigne* — Je... Excusez-moi, je suis vraiment confuse. C'est une maladie. Parfois, ça me prend sans prévenir. Je vais chez Éléphant élégant ou chez Gonflée d'amour et je fais semblant d'être enceinte. J'achète des robes parachutes et après je m'en sers comme couvre-lit. Mais ça va mieux maintenant. Depuis, en fait, que j'ai compris que mes médicaments ne se prenaient pas en suppositoires.

Juste à ce moment, et exprès, dirait-on, pour empêcher la dame de s'attarder trop longtemps à l'image de Mère indigne utilisant des antidépresseurs à des fins non prévues par la religion et l'Ordre des pharmaciens, Bébé fait irruption dans la cuisine au cri de «Z'A BEZOIN! Z'A LE DROIT!».

*Dame pas contente* — Bon. Ce n'est pas un enfant que j'entends derrière vous, par hasard?

*Mère indigne* — Hum. Non. C'est mon mari. Il est enchaîné à la table de cuisine, nu comme un ver excepté pour les menottes en minou qui lui gardent les poignets au chaud – il a le poignet frileux. Mais ne vous inquiétez pas, je lui donne des huîtres. C'est aphrodisiaque alors ça l'aide à accepter sa condition. Il devrait probablement lui aussi recommencer à prendre ses médicaments, mais, étrangement, il ne les trouve plus. Et je jure que ce n'est pas moi qui me suis assise dessus.

Du côté de la dame, c'est le silence radio.

*Mère indigne* — Remarquez, ça lui ferait peut-être du bien de recevoir trois beaux ouvrages qui instilleraient en lui la magie des classiques de Disney. Mais, arrangé comme il est là, il ne pourrait même pas tourner les pages.

La dame a raccroché depuis un petit moment déjà. On aura beau faire, certaines personnes n'apprécieront jamais les huîtres.

⌣

Comme chacun sait, mentir donne faim.

Après avoir fait vivre une expérience troublante à une télémarketeuse qui doit maintenant être en train de se négocier un bien meilleur salaire, Mère indigne reprend le combiné. Elle compose dix chiffres avec une rapidité qui ne peut venir que d'une très grande habitude.

*Mère indigne* — Bonsoir, la Sirène de la pizza ? C'est pour une super-méga-large toute garnie, le format Éléphant, là. Extra-extra-extra bacon. Oui, extra-extra-extra. Avec cinq enfants, Monsieur, ça prend ce que ça prend.

## Ne pelure pas, Jeannette

*Fille aînée* — Maman, est-ce que je peux manger une orange ?

*Mère indigne* — Excellente idée. Elles sont tellement bonnes en plus ces temps-ci ! J'en sors deux.

*Fille aînée* — Je veux la meilleure des deux.

*Mère indigne* — Euh. Je n'ai aucune manière de les différencier sans y goûter...

*Fille aînée* — Je veux la plus belle, alors.

*Mère indigne, légèrement agacée* — Sont pareilles.

*Fille aînée, légèrement agacée* — Ben là. La plus juteuse ?

*Mère indigne, très agacée* — « Ben là » toi-même, chérie ! Comment veux-tu que je sache d'avance quelle orange est la plus juteuse ?

*Fille aînée, en soupirant* — Bon. Donne-moi la plus grosse, d'abord. (Puis, d'un ton légèrement condescendant) Tu dois bien réussir à voir laquelle est la plus grosse ?

*Mère indigne* — Hum. En effet. Ça, je peux.

Oui, Mère indigne voyait très bien la différence entre les deux oranges. Et sans que Fille aînée s'en aperçoive, Mère indigne lui a filé la plus petite.

La vengeance est un fruit qui se mange froid...

# Chapitre 2
## La vie selon Bébé

Le paratexte du blogue est essentiellement virtuel. L'écran, les couleurs, l'ambiance sonore, les hyperliens, les commentaires, tout ça relève de l'ordinateur, de l'écran. Le blogue serait donc le premier genre littéraire entièrement virtuel. Cependant, certains blogueurs, Caroline Allard en tête, ne l'entendent pas ainsi. Que ce soit par peur ou simplement à cause de valeurs conservatrices exubérantes, ces derniers publient leurs blogues sur du papier. Des considérations mercantiles peuvent aussi être en cause.

> Éric Vignola, *Le destin d'une littérature :
> de L'Art poétique au zizi-pénis*, p. 263.

En gros, je serais passée du blogue au papier parce que je n'ai pas trouvé une meilleure manière d'exploiter ma famille pour faire de l'argent ? Bien vu.

> Mère indigne

## Les vraies affaires

« Bon, écoute, ça fait quand même un bout de temps qu'on se côtoie et il y a quelque chose qu'il faut absolument que je te dise. Ton SPM te rend vraiment insupportable.

Ne le prends pas comme ça... Je le sais, moi-même ça me frustre terriblement de me faire dire une chose pareille par un homme. Quand Père indigne ne fait qu'élaborer l'ébauche d'une suggestion selon laquelle je serais peut-être dans ma période du mois, je... je... je perds les pédales, voilà. D'ailleurs, je pense qu'il ne me l'a ramené sous le nez qu'une seule fois en dix ans; ma réaction lui a coupé l'envie à jamais. Et aussi, je ne peux pas supporter quand il dit que je suis sur les nerfs parce que j'ai faim. Il prend sa voix toute pleine d'authentique sollicitude, gna gna gna, et là il me dit: « Chérie, tu sembles un peu impatiente. Tu n'aurais pas faim, par hasard? », et il a toujours raison! Une histoire de taux de sucre ou que sais-je. M'énnnnnerve!

Mais là, on vient juste de luncher. Et je ne peux pas croire qu'entre femmes on ne peut pas se le dire franchement: dans ton cas, c'est clair que ce sont les hormones pré-M qui dérapent.

Sérieusement, tu ris une minute, tu pleures l'autre. Tu grimpes aux rideaux à la moindre provocation. Et sangloter comme ça, parce que tu as échappé un objet quelconque par terre! Limite, tu vas commencer à te rouler sur le parquet, et là, au final, ça t'embêterait pas mal, parce qu'il y a plein de miettes de tartine dessus, miettes que tu as toi-même envoyées valser par terre dans un geste de colère.

C'est pas très cool, finalement.

Et puis, ça me rend triste de te voir comme ça. Tu te fais du mal à toi-même et, en plus, c'est super mauvais pour notre réputation, à nous, les femmes. On a comme une responsabilité de s'harnacher l'hormone, là, pour les générations futures. Faut réfléchir à ça, aussi.

D'autant que ce n'est pas comme si c'était une cause perdue. Moi, le SPM, je gère. Gin tonic, vodka-orange, 5 à 7 avec les gars en philo, y'a vraiment moyen de passer par-dessus la dictature corporelle. Alors j'apprécierais que tu fasses un petit effort.

Surtout que, si mes calculs sont exacts, tu en as encore pour 11 ou 12 ans avant d'avoir tes premières règles, et je ne sais même pas si je pourrai endurer ce genre d'humeur exécrable pendant encore trois minutes.

— ...

Bon, madame s'obstine. Madame me crache dessus, essuie son nez sur mon beau col roulé noir et, en plus, madame m'arrache les cheveux sous prétexte qu'elle n'a pas réussi à m'énucléer. Ben j'ai une petite nouvelle pour toi, chérie : SPM ou pas, là, c'est le biberon et au lit. C'est assez. Maman en a assez. »

« Non-on, pas dodo dans li-li ! A biki ! A bikiiiiiiiiii ! »

« Tu... tu veux un biscuit ? ... Écoute, ça fait quand même longtemps qu'on se connaît et là il y a quelque chose qu'il faut absolument que je te dise. Tu manges totalement tes émotions. »

## Pourquoi nous rions de nos ados devant leurs amis

Samedi dernier, nous avons fait une magnifique promenade en vélo dans les rues du voisinage.

Enfin, quand je dis « magnifique », je parle pour tout le monde, sauf pour moi.

Bébé est confortablement assise dans son siège juste derrière moi, mais elle ne se contente pas d'apprécier le paysage lointain. Elle préfère ce qui se trouve dans son champ de vision le plus immédiat. J'ai nommé : mes fesses. Certes, je me plais à penser que si on plaçait les consommateurs devant une table où se trouvent, du côté A, le paysage lointain, et du côté B, les fesses de mémère, l'option B se révélerait être le choix d'un large pourcentage d'entre eux, surtout si le paysage est lavallois. Mais ce n'est pas un large pourcentage des consommateurs qui pourraient se permettre de faire la même chose que Bébé sans se faire taper sur la gueule.

Parce que Bébé, quand nous sommes à vélo, se fait un malin plaisir de tirer sur l'élastique de mon short ET de ma culotte, de se pencher sur le résultat et de s'écrier : « Ooooh, gô caca maman ! »

Ce qui donne, devant un défilé de banlieusards hilares, la conversation suivante :

*Mère indigne* — Ben non voyons, maman elle n'a pas de caca dans sa culotte.

*Bébé* — Maman a gô caca !

*Mère indigne* — Non, chérie. Maman n'a pas de caca dans sa culotte ! Maman, elle va aux toilettes pour faire son caca.

*Bébé* — É gô caca à maman !

*Père indigne* — Ha, ha, ha !!

*Mère indigne, accélérant sur la pédale* — Maman. N'a pas. De caca.

*Bébé* — Maman va sanzer coyottes !

*Mère indigne* — Maman ne changera PAS ses culottes, ses culottes sont pro-pres !

*Bébé, devant les voisins, je vous le rappelle* — É gô! É gô caca!

*Mère indigne (c'est moi, et je m'énerve)* — C'est même pas vrai. C'EST MÊME PAS VRAI!

Père indigne ne rit plus, il s'étouffe carrément, frôle la mort, et moi j'ai des pensées méchantes à son égard qui impliquent ses parties génitales.

*Bébé* — Maman va sanzer coyottes! Cousse à Maman!

*Mère indigne* — Maman ne mettra pas de couches, voyons! Maman va à la toilette!

*Bébé, survoltée* — É GÔÔÔ CACA MAMAN!!!

*Mère indigne* — MERDE!

*Bébé, toujours penchée sur ma raie* — MED!!

Sur quoi, je m'arrache à sa poigne de fer en me levant pour pédaler, et on rentre à toute vitesse à la maison.

Alors laissez-moi vous dire que Bébé, quand elle sera ado, elle va vraiment y goûter.

## Toupie et Binou au pays du jambon magique

Ça se passait il y a trois semaines. La famille indigne est en visite chez des copains.

Bébé (deux ans et demi), est dans le bain avec Mathis (un an et demi, le fils des copains en question).

Bébé est obnubilée par les parties intéressantes de son compagnon de bain : « Mathis, il a un zizi-pénis. »

*Mère indigne* — Oui chérie. C'est ça. Un zizi-pénis. Il a aussi un joli petit nez, regarde !

*Bébé* — Mathis, il a un zizi-pénis.

*Mère indigne* — Oui mon amour. C'est ça. Et aussi de beaux yeux bleus…

*Bébé* — MaTHIS, il a un zizi-péNIS !

*Mère indigne* — Oui mon poussin. Ça rime. Mais tu sais, Mathis, ça rime aussi avec, euh… lys ?

*Bébé, s'approchant de plus en plus de l'empire du milieu de Mathis* — Mathis, il a un zizi-pénis ! Mathis, il a un zizi-pénis ! MATHIS, IL A UN ZIZI-PÉNIS !

Puis, Bébé se tourne vers Mère indigne, lui lance un regard d'une tristesse abyssale et ajoute : « Mais on peut pas le manzer. »

Deux semaines plus tard, Mathis est en visite à la maison. Bébé observe avec intérêt le moment du changement de couche. Elle a elle-même traîné une chaise près de la table à langer, pour mieux espionner.

*Bébé* — Mathis, il a un zizi-pénis.

*Mère indigne* — Ah ben oui, il est encore là, celui-là. Et, oh!, son nombril aussi, regarde!

*Bébé* — Mathis, il a un zizi-pénis. Mathis, il a un zizi-pénis. Mathisilaunzizipénismathisilaunzizipénismathisilaunzizipénismathisilaunzizipénismathisilaunzizipénis... Mais on peut pas le manzer.

Le regret se lit, profond, dans ses yeux empreints d'une infinie tristesse.

⌣

Hier midi, dans un élan antigastronomique presque inégalé, Mère indigne offre à Bébé, en guise de lunch, deux tranches de jambon roulées accompagnées de quelque chose de plus ou moins vert.

Bébé saisit la roulade de jambon entre ses petits doigts, l'examine de très près, la secoue. Puis, ses yeux s'illuminent. Au cri de «ZIZI-PÉNIS!», elle croque joyeusement dans la viande.

⌣

Les réactions:

Mère indigne: «Ahahahahahaha!... Mon Dieu. Dire qu'elle aura quinze ans un jour.»

Copine maman: «Tu lui laisses manger du jambon, à deux ans?? C'est plein de nitrites ou quelque chose du genre, voyons!»

Mamie indigne: «Bon. Dis-moi pas qu'elle va être encore plus précoce que sa mère.»

Père indigne: « Tu les as lus, toi, ses nouveaux livres de Toupie et Binou? Qu'est-ce qu'il y a dans les livres de Toupie et Binou? C'est louche. C'est LOUCHE. Donne-moi ses livres de Toupie et Binou. Tu vois? Les couleurs sont un peu psychédéliques. Ça doit être plein de COCHONNERIES, Toupie et Binou. »

Mère indigne: « Non. Pas quinze ans un jour. Non. Pas quinze ans un jour. Non. Pas quinze... (etc., etc., etc.). »

## La sirène de l'autorité, ou la tentation de la vodka-orange en intraveineuse

*Bébé* — Veux tatines.
*Mère indigne* — Chérie, c'est l'assiette de Maman.
*Bébé* — Patazer.
*Mère indigne* — On partagera une autre fois, mon amour. Maman va manger son déjeuner tranquillement, va t'asseoir à ta place pour manger le tien. Regarde, Papa t'a préparé des gau-
*Bébé* — WAAAAAAAAAAAAAAAAAAAAAAAAAAA…
*Mère indigne* — Gauffres ! Papa a fait des gauffres !
*Bébé* — … AAAAAAAAAAAAAAAAAAAAAAAAAA…
*Mère indigne* — Ça va ! D'accord ma chérie. Viens t'asseoir sur maman. Mais s'il te plaît, tais-toi.
*Bébé* — … AAAaa. Dézeuner pas à maman. À ma.

*Bébé* — Veux tousser.
*Mère indigne* — Non, non, non. Ça, c'est les seins-seins de maman. On ne touche pas.
*Bébé* — Patazer.
*Mère indigne* — Mais non, voyons. C'est les parties privées. On ne touche pas aux parties privées si l'autre personne ne veut pas. Surtout si on se sert de nos doigts comme des pinces coup-
*Bébé* — WAAAAAAAAAAAAAAAAAAAAAA…

*Mère indigne* — D'accord! D'accord. Juste-trois-secondes-après-faut-s'habiller.
*Bébé* — … AAAaa. Rhi hi hiiii!
*Mère indigne* — Ouch.

⌣

*Bébé* — Veux cuyottes.
*Mère indigne* — C'est les culottes de gande sœur. Elles sont trop grandes pour-
*Bébé* — WAAAAAAAAAAAAAAAAAAAAAAAAAAA…
*Mère indigne, la tête entre les mains* — Non! Non, chérie. Arrête, s'il te plaît. Arrête.
*Bébé* — … AAAAAAAAAAAAAAAAAAAAAAAA…
*Mère indigne, plongeant les mains dans le tiroir de Fille aînée* — Tu veux les culottes de ta sœur? Tiens. En voilà sept paires.
*Bébé* — … AAaa. Pas les cuyottes à gande seuh. Les cuyottes à ma. Pas tô gandes.
*Mère indigne* — … Ah, ben oui. Si tu te les mets sur la tête, ça va.

⌣

*Bébé* — Veux bôbôs.
*Mère indigne* — Non. Ça, alors, non. Pas de bonbons. C'est dé-fi-ni-tif. Les bonbons, c'est pas bon pour les dents des béb-
*Bébé* — WA…
Splat! (Ça, c'est Mère indigne qui a jeté une (grosse) poignée de M&M sur la table. On peut considérer qu'à ce moment précis dans sa vie de mère elle vient d'abdiquer. Du

latin «abdicare», renier. Son autorité, ses principes, tout le kit. Rien à foutre, du moment qu'elle arrête ses hurlements.)

*Bébé* — ... Aa. Dé bôbôôôôs. Ci bô. Ci sikké.

*Mère indigne* — Oui, c'est sucré. Il va falloir bien brosser tes dents tout à l'h-

*Bébé* — NAAOOOOON! Pas bôsser les dents! W-

*Mère indigne* — C'est une blague! Ahahahaha. Une blague. Tu vas avoir plein de caries, mais on s'en fout. On. S'en. Fout. C'est beau les caries, dans le fond. C'est la nature. C'est beau. Ahahaha... Et tiens, maman aussi va se prendre un bonbon! Un bonbon qui se boit... Mais où est donc cette fichue bouteille de vodka?

⌣

*Père indigne* — Où sont mes bonbons?
*Fille aînée* — Où sont mes culottes?
*Mère indigne* — Ahahahahah... glou glou...

## Routine, shmoutine

Il faut briser la routine, qu'y disent dans les magazines. Ah! Elle est bien bonne, celle-là! J'aime ça, moi, la routine. Surtout celle du dodo, pour les enfants.

Parce qu'une fois que la routine pré-sommeil est solidement établie le chemin à suivre est simple et tout tracé :

1. On effectue la routine ;
2. On garroche bébé dans le lit ;
et 3. Plus rien !

C'est fait. Bébé s'endormira tout seul et sans tracas, véritable petite image de la douceur et de la tranquillité, petit ange nocturne qui fera dodo jusqu'au lendemain matin sans même se retourner dans son lit.

Sans hurler pour avoir sa su-suce qu'il vient lui-même de jeter par terre.

Sans fracasser à répétition sa lampe sur pied contre le mur qui s'effrite, à force.

Sans nous emmerder, finalement.

...

Je ne sais pas si vous me voyez venir, chers lecteurs. Sans doute que oui, vous qui possédez la perspicacité du grand sage, vous qui savez lire l'infinie détresse qui se cache derrière mes facéties de clown de cirque.

Ce que je veux vous dire, en fait, et que vous avez déjà deviné, c'est que Bébé, mon Bébé, n'en a rien à foutre de la routine du dodo.

Je vais vous donner un exemple. Attention, les cœurs sensibles et les couples enceints qui croient que la vie avec bébé ne sera qu'un jardin de dodos roses, n'allez pas plus loin. Car c'est l'enfer que je m'apprête à décrire.

Il est 20 h 15. Mère indigne s'installe dans la chaise berçante avec Bébé, comme elle le fait depuis deux ans et demi. Elle veut lui chanter une berceuse et la mettre au lit, comme elle le fait depuis deux ans et demi. Et, comme elle le fait depuis deux ans et demi, Bébé adopte un comportement totalement imprévisible.

Une attitude anti-routine, quoi.

Et Bébé a deux ans, comme dans « terrible two ». Ça n'arrange rien, je peux vous le dire.

Mère indigne commence à se bercer avec Bébé.

*Bébé* — Non. Pas besser.

*Mère indigne* — Tu ne veux pas qu'on se berce ensemble ? Voyons, c'est chouette, regarde...

*Bébé* — Rarrête.

(« Rarrête », dans le langage de Bébé, c'est l'antonyme de « Rencore ».)

*Mère indigne* — Bon, d'accord, on ne bouge plus... Mais maman va te chanter une belle chanson. Àààà, la claire fontaiiiineuh, m'eeennnn-

*Bébé* — Non.

*Mère indigne* — Ah. Euh, tu ne veux pas que je chante « À la cl-

*Bébé* — NOOOOON !

*Mère indigne* — D'accord... Hum. Veux-tu que je te chante la chanson du petit navire ?

*Bébé* — Non. Rarrête.

*Mère indigne* — Veux-tu aller dans ton lit, alo-

*Bébé* — Naaaannnnn! Pas dans le liiiiit!

*Mère indigne* — Tu veux une histoire?

*Bébé* — Non. Pas l'histrare.

*Mère indigne, d'un ton mielleux de vendeur de voiture* — Meuh oui, voyons. Tu adores les histoires. Voudrais-tu que je te raconte celle du vilain petit cana-

*Bébé* — NONPALISTRARE! RARRÊTEEEEUH!!!

Mère indigne ne dit rien. Quand on manipule de la nitroglycérine, il faut savoir quand se la fermer.

Les secondes s'écoulent, et puis...

*Bébé, d'une toute petite voix* — Veux l'histrare des récureuils.

Enfin, du positif! Fallait seulement savoir attendre un peu, c'est tout...

*Mère indigne* — D'accord! Je vais te raconter l'histoire des écur-

*Bébé, se tortillant soudainement dans tous les sens* — NIIIOOOOONNNNN! PAS L'HISTRARE DES RÉCUREUIIIIILS!

Argh! C'était un sinistre piège! Tentons un changement de tactique radical. Endormons sa méfiance afin, ultimement, de l'endormir elle-même.

Jasons.

*Mère indigne* — Tu sais, quand il n'y aura plus de neige, on va aller faire du vélo!

*Bébé* — Non.

*Mère indigne, désemparée* — Mais... mais tu aimes ça, faire du vélo! Avec ton casque!

*Bébé* — Noooon. Ma l'aime pas le casse. Pas. De. VÉ-LOOOOOO!!!

Le silence s'installe dans la chambre. S'étire. Il fait noir, Mère indigne n'y voit goutte, mais elle pourrait jurer que Bébé se laisse aller à un rictus de mépris.

La meilleure solution, dans ce cas de figure, c'est la fuite. La fuite dans l'imaginaire.

*Mère indigne, dans son for intérieur* — (Alors là, quand je vais raconter ça sur le blogue, je vais écrire que j'ai dit à Bébé : « L'été prochain, on va aller dans la piscine avec Mathis », et là, ça va être super drôle parce que, soudainement, Bébé va arrêter de rechigner et va dire « Mathis, il a un zizi-pénis » et c'est ÇA qui va réussir à la calmer et elle voudra enfin aller dans son lit! Hin hin hin. Et là, elle va lire mes chroniques quand elle sera ado, et elle aura SUPER HONTE, et ça, ce sera vraiment trop choueeeeette... Prends ça, Bébé! Maman *is the champion, my friend*... Mais là, je ne lui parlerai pas de piscine pour vrai, parce qu'y en a marre de ses zizi-pénis à gogo, ça en devient même gên-)

*Bébé, interrompant ce monologue réjouissant* — Quand pus de neize, pas de vélo.

*Mère indigne* — Mais non. D'accord. Plus jamais de vélo, pour la vie. À la casse, vélos maudits.

*Bébé* — Quand pus de neize, ma va aller dans la piscine.

*Mère indigne* — Euh... oui...

*Bébé* — Avec Mathis.

*Mère indigne* — Hum. Oui, avec Mathis et sa maman et son papa et sa sœur et...

*Bébé* — Mathis, l'a... l'a un zizi-pénis! Mathissss, l'a un zizi-pénissss. Ma-

*Mère indigne* — (*Holy COW.*)

*Bébé* — ... this, zizi-pénis, Mathis, zizi-pé-
*Mère indigne* — Euh... Excuse-moi de t'interrompre, chérie, mais... Je me trompe, ou tu t'es calmée ?
*Bébé* — N'a pu de peine, ma. Veux aller dans mô lit.
*Mère indigne* — Ben là ! Tu m'as volé mon punch.
*Bébé* — Rarrête...

## L'estime de soi : ça sera pour une autre fois

Bébé me tend une petite coccinelle bleue en caoutchouc qu'elle a volée dans un jeu appartenant à sa grande sœur. (Bon, je dis « volée », mais j'ai tort, puisque, pour Bébé, l'univers et toutes ses créatures lui appartiennent de droit.)

— Tins, maman.
— Oh, une coccinelle!
— NON! (Crétine!) C'é PAS une cossinelle! C'é un bôôôôbô.
— Ah! Un bonbon. Bien sûr. Un beau bonbon bleu. C'est pour moi?
— Ui.

Je porte la cocci- pardon, le bonbon, à cinq centimètres de ma bouche et roule des yeux en signe de fervente délectation.

— Mmm! Que c'est bon! Crounch, crou-
— NAOOOOOOON! (Imbécile!) Faut san-semblant!
— Heu, oui, évidemment, faut faire semblant. C'est ce que je...
— Faut SAN-SEMBLANT! (Bordel!) Cô ça!

Bébé m'arrache des mains l'objet du litige et, me regardant de l'air de dire « observe et tire des leçons, espèce de tarée », se met à faire « crounch crounch » en tenant la coccinelle (pardon, le bonbon, je n'apprendrai jamais) à un bon 30 centimètres de sa bouche. Voilà, maman, comment on san-semblant.

Non mais.

Ensuite, Bébé replace délicatement le « bonbon » sur la table et me jette un regard d'avertissement.

— Toupa.
— Touche pas ? D'accord, maman n'y touchera pas.

Sauf que, tout de suite après, Bébé me regarde de l'air d'un revendeur de Xanax qui rencontrerait Carla Bruni six mois après son mariage. Suave. Assuré de faire une vente.

— Oh ! Gad', maman ! Un bôbô pou touââââ !

Un bonbon ? Pour moi ??

— Oh, un bonbon pour moi ! Merci chérie ! Je vais bien faire san-semblant, regarde !

Je m'empare de la coccin-

— NOOOOOON !!! TOUPA, Z'AI DIT !!! TOUPAAAAA !

Bon sang ! Je... Je viens de me faire avoir comme une débutante !

Retour de la coccinelle sur la table. Et retour de l'air suave chez l'héritière fourbe. Qui me murmure d'une voix invitante :

— Rhôôôô... Gad' maman... Un beau bôbô pou TOUA !

La tentation est énorme. La pression, étouffante. Mais trop d'intérêts sont en jeu. Ne. Pas. Flancher. Sous le regard vigilant de Bébé, je reste par-fai-te-ment immobile. Deux, trois... cinq longues secondes.

Et, sur les jolies lèvres roses de Bébé, naît ce qui ne peut être qualifié que de rictus de satisfaction.

Elle n'a pas dit « Excellent, Fido, nous finirons par faire quelque chose de toi. Et maintenant, cou-couche panier. » Non. La vraie femelle alpha n'a point besoin d'enfoncer le clou.

Mais, devant vous, je fais cette promesse solennelle : lorsque, un jour, Bébé me traînera dans les concours d'obéissance canine, j'irai pas la chercher, la ba-balle.

## Ça sent le printemps

*Bébé* — Un nazeau! Ma la vu un nazeau dans la finêtre!
*Mère indigne* — Oh, oui! Un bel oiseau! Le printemps est arrivé! Qu'est-ce que ça fait, les oiseaux, chérie?
*Bébé* — Couilles! Couilles!
*Mère indigne* — Je suppose qu'il fallait s'y attendre.

## Comme dirait Adamo, c'est ma vie

*Mère indigne* — Bébé, veux-tu aller faire pipi aux toilettes?
*Bébé* — On dit «SITEPLÈ», maman. Y faut dire «SITEPLÈ».
*Mère indigne* — S'il te plaît, Bébé, veux-tu aller faire pipi aux toilettes?
*Bébé* — Non.
*Mère indigne* — ...
*Bébé* — Pis là, faut dire «MARSI», maman. «MARSIII!!!»

## L'étiquette, encore et toujours

*Bébé* — Attention, Blansse-Neige. Moi ze suis la méssante reine.
*Mère indigne* — Oh, méchante reine, que me voulez-vous?
*Bébé* — Z'ai une pomme emPOIzonnée! (Bébé me tend une pêche.) C'oque... c'oque... C'OQUE!!!
*Mère indigne, croquant la pêche* — Aaaaargh...
*Bébé* — Pis là, Blansse-Neize, on dit MARSI!
*Siffler en périssant, lalala-lala-lala...*

# Fichu tissu

Hier, en rentrant à la maison, j'ai essayé une nouvelle robe. Achetée sous prétexte que des copains se marient, et puis, parfois, comme dit la pub, « vous le méritez bien ».

Bien sûr, Bébé s'est empressée de remarquer la nouvelle sophistication de sa maman. Sa réaction? Toute en stratégie et en finesse :

« Moi l'a fait bobo à la garderie (tâte le tissu), moi l'a tombé tombé tombé de la moto (reluque le décolleté), moi l'a fait bobo au zenou mes collants sont déssirés là (palpe le rebord), moi l'a pleuré pleuré pleuré dans le local, moi l'a donné une tape à Heidi (tire les bretelles de la robe) pis là Lyne était pas contente, moi l'a pleuré pleuré C'EST MA ROBE À MOI TU M'AS PRIS MA ROBE DONNE-MOI MA ROOOOBE !!! »

Après qu'elle m'eut renversée par terre et immobilisée par une clé de bras, je lui ai donné, la robe. Pffff, m'en fiche, moi. C'est même pas sa taille. Alors quand elle va insister (et gagner) pour aller au mariage de nos copains à ma place, avec sa robe trop grande et ses pantoufles de Dora, c'est elle qui aura l'air fin.

(Ah ben zut, elle a trouvé les escarpins assortis.)

## Terrible taxi

Travaillant à Montréal à une quinzaine de minutes de marche d'une station de métro, il m'arrive, les jours de grand retard, de prendre le taxi du métro Laurier jusqu'au bureau, qui se trouve coin Saint-Laurent et Saint-Viateur à Montréal. Comme vous le dira tout bon chauffeur de taxi qui se respecte, faut prendre la rue Saint-Joseph jusqu'à Saint-Laurent, tourner à droite et, hop, on y est presque.

Mais aujourd'hui, j'ai rencontré un dur à cuire.

*Mère indigne* — Je vais sur Saint-Laurent au coin de Saint-Viateur.

*Chauffeur* — Vous prenez par Saint-Denis ?

*Mère indigne* — C'est-à-dire que... on ne peut pas tourner à gauche sur Saint-Denis et... je vais sur Saint-Laurent.

*Chauffeur* — Oui mais, là, on est à côté de Saint-Denis.

*Mère indigne* — On pourrait pas prendre par Saint-Joseph ? Puis tourner à droite sur Saint-Laurent ?

*Chauffeur* — Saint-Denis est juste là !

*Mère indigne* — Je vais sur Saint-Laurent.

*Chauffeur* — (Sourcils froncés.) Oui, mais LÀ, vous êtes à Saint-Denis, LÀ.

*Mère indigne (dont on pourrait presque croire que parfois, elle aime se soumettre)* — Bon, écoutez, on va par où vous voulez. On peut passer par Saint-Denis, sans problème.

*Chauffeur* — Ben NON ! Pas par Saint-Denis !! On peut pas tourner à gauche sur Saint-Denis !! On va prendre Saint-Joseph, puis on va tourner à droite sur Saint-Laurent.

*Mère indigne* — Ma foi... Excellente idée.

Est-ce que je me suis énervée? Mais non, voyons. Pas du tout. Je suis zen, moi. Relax. Décontrax. Un vrai substitut humain au Xanax. Même mes organes internes sont certifiés feng shui.

...

Bon, j'avoue, il y a un truc.

Je ne me suis pas énervée, mais en réalité c'est parce que j'ai ce genre de conversation environ trente fois par jour avec Bébé.

*Mère indigne* — Viens chérie, on s'en va à la garderie.

*Bébé* — Naaaaaaan, moi veux PAS aller à la gâderiiiiiie!

*Mère indigne* — Mais oui, chérie, tu vas pouvoir raconter à Sophie que tu m'as aidée à arracher des mauvaises herbes ce matin.

*Bébé* — Naaaaaaaan, moi l'a PAS aidé à arracher les môvèzèèèèèbes!

*Mère indigne* — Puis quand papa viendra te chercher, vous allez vous baigner dans la piscine.

*Bébé* — Naaaaaaan, LÀ, moi l'a PAS DE PISCINE à ma maison, LÀ!

*Mère indigne (chez qui on pourrait presque croire que la soumission est un art prédominant)* — Bon, bon, d'accord. Reste assise ici, alors. Maman va ranger la cuisine avant de partir.

*Bébé* — Ben NAN! Toi tu peux PAS ranzer la cuizine, moi va aller à la gâderie raconter à Sophie que moi l'a arraché les movèzèbes avec maman pis là papa va venir me chercher pou' se baigner.

*Mère indigne* — Ma foi... Excellente idée.

Comme aurait dit Gengis Khan, *practice makes perfect*.

## Poisson à un autre appel

Tout le monde ici n'est pas sans savoir que Bébé a une personnalité forte.

Forte et, ma foi, peut-être quelque peu perturbée.

Par exemple, dans *Macaroni tout garni*, elle s'identifie à Pouache-le-Ouache. «Maman, rega'de! C'est Bébé qui l'est arrivéééé! C'est moi! Moi ze *vole*! Moi l'est tout *brun*!» *No comment*.

Mais il y a pire. Le meilleur copain de Bébé est, en quelque sorte, un ami imaginaire.

Une camaraderie complice s'est en effet installée entre elle et une image, qui se trouve dans un livre décrivant les merveilles des fonds marins. Lors, Bébé, matin et soir, ouvre le livre à la bonne page (cette dernière tout abîmée de recevoir tant d'attention) et discute le bout de gras avec son pote, allant même jusqu'à lui expliquer la signification profonde de certains épisodes de Dora.

De quelle image s'agit-il? Allez, un petit effort. Pensez fonds marins. Fonds très, *très* profonds. Pensez créatures qui vivent dans le noir absolu et qui, *ergo*, n'en ont rien à foutre de l'apparence extérieure, de la séduction, de la peau lisse aux fesses et des *bad hair days*.

Bref, songez «bêtes immondes».

Ensuite, imaginez-vous le pire d'entre ces monstres. Eh bien voilà, c'est lui. Le meilleur ami de Bébé. Celui qu'elle a affectueusement surnommé: Poisson méchant.

Lui :

*Bébé* — Bonzour, Poisson méssant ! Ça va bien, Poisson méssant ? Bébé s'en va à la ga'derie, mais ne t'inquètte pas, Poisson méssant. Ze reviens. Deux minutes.
(*Plus tard.*)

*Bébé* — Ça va, Poisson méssant? Bébé est revenue, là. Ze te raconte Blansse-Neize, oké? Oké. Là, Poisson méssant, la méssante reine avait un miroir...

*Mère indigne* — Oh! Tu racontes l'histoire de Blanche-Neige! Est-ce que je peux l'écouter aussi?

*Bébé* — NOOOOOON! Moi le raconte l'histrare à POISSON MÉSSANT!!! Z'ai le DROIT! Moi z'ai *BESOIN*! Toi tu peux PAAAAS! Va-t'en! (Puis, pleine de sollicitude.) Pleure pas, Poisson méssant, c'est ma maman. Elle peut pas.

(C'est à ce moment que Mère indigne, telle Blanche-Neige dans la forêt inhospitalière, s'enfuit pour sangloter dans les toilettes.)

Je vous avoue que, victime d'un tel rejet, et en faveur d'une bestiole aussi grotesque, j'éprouve parfois du plaisir et un certain soulagement à me réfugier auprès de Fille aînée.

Fille aînée, elle, veut faire plaisir à sa maman. Fille aînée, elle, comprend que je ne suis pas passée par les inconvénients de la grossesse (pas d'alcool, ou presque) et par les douleurs de l'accouchement (même avec l'épidurale, ça fait mal pareil, si si) pour me faire traiter comme un chromosome de concombre par le fruit de mes entrailles.

Bref, Fille aînée, elle est mignonne.

*Mère indigne* — Alors, mon cœur en sucre, qu'est-ce que tu as fait de beau aujourd'hui au camp de jour?

(Par réflexe, j'approche mes mains de mes oreilles pour les boucher en cas de hurlement strident, mais ça n'est pas le genre de ma mignonne Fille aînée.)

*Fille aînée* — J'ai trouvé la réponse à une énigme! Je n'osais pas la dire devant tout le monde, mais mes amis me disaient « Oui! Oui! Dis-le! »... Alors j'ai pris une chance.

(Trop mignonne.)

*Mère indigne* — C'était quoi, l'énigme, mon petit pain au chocolat ?

*Fille aînée* — « Plus on est loin, moins on y pense. Plus on est proche, plus on y pense. Mais une fois que c'est arrivé, et une fois que c'est passé, on n'y pense plus. » Tu vois ce que c'est ?

*Mère indigne, nulle dans plein de domaines dont celui des énigmes à la mord-moi-le-nœud (et ne le sont-elles pas toutes, ces salopes ?)* — Je n'en ai vraiment aucune idée.

*Fille aînée* — Moi, au début, j'ai pensé que la réponse, c'était « notre anniversaire ». Mais je pense au mien pas mal tout le temps – avant, pendant, après –, alors...

(Mignonne de chez mignonne.)

*Fille aînée* — Ensuite, j'ai pensé à l'amour. Mais il me semble que, même quand c'est passé, on y pense encore, hein, maman ?

(Mignonne, et *sage*.)

*Fille aînée* — Alors, il ne restait plus qu'une seule chose.

*Mère indigne (qui n'essaie même pas vraiment, faut dire)* — Laquelle ?

*Fille aînée* — La mort.

(Super mign-)

*Mère indigne* — La *mort* ?

*Fille aînée* — La mort.

*Mère indigne* — Tu... tu avais déjà lu cette énigme dans ton livre de dragonologie ? Tu la connaissais déjà ?

*Fille aînée* — Non, non. J'y ai pensé toute seule. Je me suis dit, tu sais, plus on vieillit, plus on a peur de mourir, mais une fois qu'on est mort... j'veux dire... on aura beau faire... y'a plus rien. On ne peut plus vraiment penser. Soit notre cerveau est brûlé, là, tu sais, s'ils nous mettent dans le four, soit les vers nous le mangent par en dedans. Alors.

*Mère indigne* — ...

*Fille aînée* — En passant, tu ne m'as toujours pas dit si le père Noël existait ou non.

*Mère indigne* — Attends deux minutes, chérie. Tiens, voilàààà. Je te passe le *Traité du désespoir* de Kierkegaard et *L'Être et le Néant* de Sartre. Tu me lis ça, et ensuite on se reparle du père Noël. En attendant, je vais aller discuter de la beauté du crépuscule avec Poisson méchant. J'ai le droit. Et Dieu sait que j'ai besoin.

## La déprime hivernale[*]

Moi, je dois vous dire franchement, en tant que parent, je ne crois plus tellement à la science.

Non, mais c'est vrai : prenez la déprime hivernale.

Les scientifiques, ils disent que la déprime hivernale est due au fait que le soleil se couche tôt. Balivernes! Je vais vous dire une chose que tous les parents savent : la déprime hivernale, c'est entièrement dû aux vêtements. Je parle de ceux dans lesquels on doit, de peine et de misère, insérer nos enfants avant de pouvoir les lancer dehors.

Et la déprime hivernale chez les gens qui ont la chance, euh, je veux dire, le malheur de ne pas avoir d'enfants, elle est évidemment due à leur écœurement de nous entendre nous plaindre sans arrêt de cette abominable situation.

En plus de se tromper sur l'origine de la déprime hivernale, la science refuse de se pencher sur une multitude de questions pratiques importantes : Pourquoi met-on systématiquement les deux jambes de notre bambin dans la même patte d'habit de neige, et ce, jour après jour et malgré nos efforts de concentration répétés? Pourquoi enfoncer un petit pied dans la seconde botte fait-il automatiquement tomber la première botte du premier pied?

Sans parler des mitaines. Les fabricants de vêtements ont compris que les parents n'avaient aucune chance de pouvoir correctement mettre le pouce des enfants de moins de six mois

---

[*] Chronique radiophonique diffusée le 16 février 2008 à l'émission *Nulle part ailleurs*, Radio-Canada, Sudbury.

dans un pouce de mitaine, et ont ainsi mis sur le marché des mitaines sans pouce. Fort bien. Pour ma part, je suis d'avis que ce bannissement du pouce de la mitaine devrait être généralisé. Après tout, pas besoin de pouce pour s'amuser à nos jeux d'hiver traditionnels, comme se faire une commotion cérébrale en glissant sur une plaque de glace, ou encore jouer à cache-cache avec la souffleuse. Ôtons le fardeau du pouce dans la mitaine des épaules des parents débordés, et nous aurons fait un grand bout de chemin vers un hiver sans antidépresseurs.

Ah, et puis il paraît que les élections fédérales s'en viennent. Exigeons que soit présenté sur la plateforme électorale de tous les partis un projet de loi visant à interdire aux enfants d'avoir envie de pipi alors qu'on vient tout juste de finir de les habiller pour jouer dehors. Un « J'ai enviiie » susurré d'un ton geignard devrait être puni, au minimum, par une amende de 3 $ prélevée de la tirelire du pipi-maniaque; cette somme servira à financer les deux Tylénol extra-forts nécessaires pour guérir le mal de tête qu'il vient de provoquer chez ses parents. Quant au terrible « j'ai fait pipi dans ma culotte » (et, par conséquent, dans mes pantalons de neige et dans mes bottes), il devrait entraîner une détention provisoire à la maison, le temps que le tout passe à la lessive et que papa et maman oublient l'affront en sirotant tranquillement un gin tonic.

Parfois, cependant, lorsqu'on a réussi, de peine et de misère, à les vêtir convenablement, on ne peut pas se contenter de catapulter les enfants dehors en leur souhaitant une bonne lutte pour la survie. Dans le cas des festivals d'hiver, par exemple, il faut les accompagner.

L'horreur.

Bon, c'est chouette pour les vendeurs de nourriture, les festivals d'hiver. Ils n'ont pas vraiment besoin de faire cuire les frites et les pogos qui se retrouvent de toute manière congelés à leur arrivée à la table de pique-nique. Tout comme vos doigts, d'ailleurs, qui seront encore engourdis trois jours plus tard. Et que dire des enveloppes de ketchup dont on peut sucer le contenu tout comme on le ferait avec un popsicle. Une expérience gastronomique inoubliable.

Parlant d'expérience gastronomique, le festival se poursuit et vous remarquez que votre bambin, en guise de dessert, lèche gaiement des glaçons décrochés des pare-chocs des voitures, et dont les ingrédients se retrouvent probablement sur la liste de certaines armes chimiques prohibées dans la plupart des pays du globe. Qu'à cela ne tienne, vous neutraliserez ces effets néfastes en lui offrant la classique tire d'érable.

C'est alors que vous vous apercevez que, dans l'euphorie d'avoir réussi à habiller tout le monde pour venir à la fête, vous avez oublié de passer à la banque. Après avoir payé au prix fort vos pogos congelés, il ne vous reste que 75 sous. Prix de la tire : 1 dollar. Vous négociez farouchement avec le vendeur, vous suppliez, vous gesticulez en pointant du doigt Junior qui, s'il n'a pas sa traditionnelle tire d'érable de festival, en paiera les frais chez son psychiatre pendant des années.

Et, dans votre for intérieur, vous savez que s'il n'a pas sa tire la détresse de Junior sera telle qu'il fera aussi pipi dans sa culotte. Et dans son pantalon de neige. Et dans ses bottes. Il fait -14°, -27° Celcius avec le facteur vent. Vous êtes à deux kilomètres de la voiture, à 30 kilomètres de la maison. Ce que ce vendeur sans cœur vous réserve, c'est le cauchemar absolu.

Mais le vendeur, pas mauvais bougre (ou peut-être a-t-il vu la lueur sauvage de folie dans votre regard), vous offre finalement la tire gratuitement.

Et Junior, de soulagement, fait pipi dans sa culotte, son pantalon de neige, et ses bottes.

Vous prenez Junior dans vos bras et retournez vers la voiture, ne sachant trop comment vous réussirez à vous en séparer pour le mettre dans son siège, vu la tire qu'il étend consciencieusement sur vos manteaux et vos chevelures respectives. Vous voilà devenus jumeaux siamois fleurant bon le sucre et le fond de culotte.

C'est le cauchemar absolu.

Alors, quand les scientifiques disent que la déprime hivernale, c'est dû au soleil qui se couche trop tôt, moi, je proteste. Parce qu'au contraire, nous, les parents, épuisés par les exigences de l'hiver, nous sommes ravis que le soleil se couche pour pouvoir enfin coucher les enfants et nous étendre nous-mêmes, semi-comateux, entre des draps accueillants.

Évidemment, à cause de la maudite tire, les petits ne s'endormiront pas avant minuit, mais ça, c'est une autre histoire.

## C'est lui, son idole

Mère indigne, Fille aînée et Bébé sont installées devant les Olympiques. Enfin, devant la télévision d'État, qui parle des Olympiques. Déjà, par son regard plein d'espoir tourné vers la lampe suspendue accessible par la table de la salle à manger, on peut voir que Bébé subit la mauvaise influence des gymnastes. Non sans réclamer à tort et à travers un autre cornet de crème glacée et, au bout de quatre, Mère indigne a enfin eu le courage de décréter que non, c'est non.

Mais tout ça n'est rien, comparé à ce qui nous attend.

La disgrâce.

L'horreur.

Le mal absolu.

Le mal absolu, j'ai nommé le reportage d'intérêt humain.

Dans ce cas précis, le reporter (Jean-René Dufort, pour ne pas l'nommer, le sacripant), dans une quête inconditionnelle de la vérité mondialisante, a pensé profiter de son séjour en Chine pour tester la gastronomie locale. Et il a décidé d'expérimenter, directement sous nos yeux subjugués et éblouis, un mets de choix.

*Fille aînée* — Maman. C'est pas vrai. T'as vu??

*Mère indigne* — J'ai bien peur que oui.

*Bébé* — ...

*Fille aînée* — Est-ce que le monsieur, il va vraiment goûter au...

*Mère indigne* — J'ai bien peur que oui.

*Bébé* — ...

*Reporter, à la tévé* — C'est ça, c'est cette patente, là ? Ça vient du serpent ? Oui ? Alors voilà, j'y goûte...

*Mère indigne et Fille aînée* — Ouache.

*Bébé* — ...

*Reporter, toujours à la tévé car pas question de l'inviter chez nous* — Mmmm, celui du chien est un peu gluant...

*Mère indigne et Fille aînée* — Ah, ouache !

*Bébé* — ...

*Reporter, tout content* — Eh bien voilà, en direct de Beijing, *veni, vidi, man-*

*Bébé* — Manzé. *Holy Virgin Mary Mother of God*, on peut le manzer.

*Mère indigne, ne voyant qu'une seule solution possible* — QUI VEUT UN AUTRE CORNET DE CRÈME GLACÉE ?

## Quotidien ingrat

*Bébé* — Mamaaan, pourquoi Mickey Luke il est triste ?
*Mère indigne* — Parce qu'il est tout seul pour rentrer chez lui.

*Bébé* — Mais, mais, mais, pourquoi il est tout seuuul ?

*Mère indigne* — Euh. Parce qu'il n'a pas beaucoup de frères comme les Dalton.

*Bébé* — Moi, moi, moi, il est où mon frère Diegoooo ?

*Mère indigne* — Dans la télé, avec sa vraie maman qui le laisse frôler la mort dans l'allégresse.

*Bébé* — Mais, mais, mais, pourquoi les Dalton y z'ont beaucoup de frèèèères ?

*Mère indigne* — Parce que leur maman était très motivée.

*Bébé* — Mais, mais, mais, pourquoi leur maman… ? Pourquoi… ? Pourquoiiiii ?

*Mère indigne* — Euh… Leur maman, c'est Ma Dalton, tu sais, la vieille dame qui-

*Bébé* — JE SAIS, MAMAN, JE SAIS !!! Ça suffit, sinon tu vas aller dans ta chambre. C'est MOI qui PARLE ! Arrête.

*Mère indigne* — …

*Bébé* — Arrête, j'ai dit.

C'était l'heure de l'apéro. J'ai été le prendre dans ma chambre, sans même y être obligée.

Non mais.

## Mots de Bébé

*Bébé* — Y faut pas mettre notre doigt dans les animaux.
*Mère indigne* — Excellent principe.

⌣

*Bébé* — Pis là, pis là j'a tombé! Pis là j'a MOURI!
*Mère indigne* — T'as *mouri*?
*Bébé* — OUI!
*Mère indigne* — Et maintenant, ça va mieux?
*Bébé* — Oui.

⌣

*Bébé* — Y'a quelque chose qui me dérange dans ma couche.
*Mère indigne* — Ah oui? Quoi?
*Bébé* — Ma main.

⌣

*Bébé* — Moi z'a faim.
*Mère indigne* — Ah oui? Qu'est-ce que tu aimerais? Un biscuit?
*Bébé* — NONZEVEUXRIENARRRÊTEUH!
*Mère indigne* — ...
*Bébé* — Hi, hi. Ze veux un biscuit.

⌣

*Bébé, absolument charmante* — Maman, ma touve pas mes suyiers de picesse, ma. Pi-ti aider ma? Si ti plaît?

*Mère indigne, heureuse de voir son héritière numéro 2 dans de bonnes dispositions* — Tu ne trouves pas tes souliers de princesse ? Viens avec moi, on va aller voir dans ta chambre. Eh bien oui ! tu vois, ils sont là !

*Bébé* — Rhôôôôôôô ! Ma les ai touvés ! Ze savais, ze savais, ze savais !

*Mère indigne, attendrie* — C'est maman qui les a trouvés, mais c'est pas grave.

*Bébé toise sa mère des pieds à la tête* — Qué tu fais dans ma samb' ? C'é MA samb' ! Va-t'en, toua ! Va-t'en !

*Mère indigne* — Bon, ben... Ouais... De toute manière, j'avais autre chose à faire. (Sniff, sniff...)

*Bébé* — Moi z'a faim.
*Mère indigne* — Tu veux un sandwich ?
*Bébé* — ARRÊTE DE FAIRE LA MAMAN !!!

*Mère indigne* — Bon, ça suffit. Tu vas arrêter de crier des bêtises à maman.
*Bébé* — C'est pas moi, c'est l'autre bébé.
*Mère indigne* — Quel autre bébé ?
*Bébé* — Celui qui parle avec ma bouche.
Chouette. On va enfin pouvoir voir un exorcisme de près.

*Bébé* — Je veux PAS aller au restaurant avec vous !
*Père indigne* — Je sais. Je te JURE que, si on pouvait te laisser à la maison, on le ferait.

# Et vlan dans les dents

Maudite Halloween.

Pour un parent qui a une peur maladive des dentistes (une phobie qui s'explique par un dur retour à la réalité lors du premier rendez-vous de Fille aînée), c'est le pire des scénarios : en moins d'une heure, on ramasse assez de cochonneries pour se faire demander des bonbons pendant un siècle.

*Bébé* — Maman, maman! Écoute. Tu vas me donner ma citrouille.

La citrouille, vous l'aurez deviné, est le repaire de toutes les saloperies. Père indigne, l'autre jour, a suggéré que nous remplacions, au cœur de la nuit, les friandises dans la citrouille par des fruits et des barres de céréales. Mais, juste avant d'accomplir notre méfait, on s'est repassé des films de Bébé en crise et on a changé d'avis.

*Moi, qui aime tout de même vivre dangereusement* — Non chérie. Tu sais bien, les bonbons, c'est seulement pendant la fin de semaine. Et là, on n'est pas la fin de semaine. On est maaarrrdi. Tiens, on pourrait nommer ensemble les jours de la sem-

*Bébé, sortant sa vieille rhétorique poussiéreuse* — J'a besoin? J'a le droit?

*Moi* — On n'a pas le droit d'avoir des bonbons, chérie. Et aujourd'hui, tu n-

*Bébé, calmant sa mère hystérique à coup de petites tapes sur la cuisse* — Attends, attends, attends. Une seconde. Une seconde.

Puis, prenant un air pénétré (à moins que ce ne soit « pénétrant » ? On pourrait en parler longtemps) : « Je vais te dire un mot magique. »

Bébé investit le pavillon de mon oreille et elle chuchote, en ouvrant grand les yeux : « S'illll teeee plaîîîîîîîîîît... »

*Moi, amusée* — Aaaaah. C'est ça le mot magique ?

Et je pense que, « non mais... Elle est trop mignonne, cette enfant, c'est pas possible... Je crois que je vais céder. » Père indigne, qui assiste au spectacle, lève les yeux au ciel. Il sait que je vais céder.

*Bébé* — Ouiiii ! C'est magiiiique ! Là-tu-me-donnes-ma-citrouille.

*Moi, cédant comme prévu* — Tiens, ta citrouille. T'es trop charmante, toi. Mais tu prends juste un bonbon, et c'est le dernier.

*Bébé* — Oui. Juste un. Pas deux ! Est-ce que Bébé prend deux bonbons ? Nooooon.

*Moi* — Trop mignonne.

Quelques minutes plus tard. À peine.

*Bébé* — Maman, maman ! Écoute. Tu vas me donner ma citrouille.

*Moi* — Ah, mais là, non ! Non, ma chérie. Déjà que maman a fait une exception tout à l'heure. Les bonbons, c'est pour la fin de semaine, tu sais ça. Sinon, tu vas avoir bobo à tes dents, puis à ton petit bed-

*Bébé, faisant de grands gestes apaisants en direction de sa folle de mère* — Attends, attends, attends. Une seconde. Je vais te dire un mot magique.

*Moi* — Non, non, non. La magie n'opérera pas cette fois-ci. Tu as déjà eu ton b-

*Bébé, les yeux écarquillés, l'air de David Copperfield qui va faire apparaître un diamant du cul d'une vache* — Pipiiiii-cacaaaaaaaaaa.

*Moi* — Pipi-caca ?

*Bébé, parfaitement ravie* — Oui. Pipiiiii-cacaaaaaaaaaa.

*Moi, parfaitement déstabilisée* — Ton mot magique, c'est pipi-caca.

*Bébé, d'un ton assuré et avec un sourire radieux* — Oui! Et là, là, là... Tu-me-donnes-ma-citrouille.

Comme, genre, style, tu-suite.

D'une main tremblante, je ramasse ma mâchoire qui est descendue au niveau de mes genoux. Mes paumes deviennent chaudes et humides, comme on dit dans les revues inappropriées. Mon cœur se met à battre une pauvre chamade qui deviendra toute pleine de bleus, à force.

Rien ne sert de me cacher la tête dans la sloche : ce qui me regarde du haut de ses trois pommes, c'est la subversion incarnée. Et si je la laisse faire, jusqu'où tout cela va-t-il nous mener?

Au lieu de dire bonjour, elle va prendre un air angélique pour nous servir un «va crever dans la ruelle, chacal»? À la place de «merci», on aura droit à un allègre «tu pues de la raie»? Bébé, future madame Je-signale-à-gauche-et-je-tourne-à-droite? Fondatrice de l'Église réformée de la Sainte-Trinité du Pipi-Caca-Poil?

Avec tout ça, chers lecteurs, je suis profondément ébranlée.

Moi qui croyais être indigne! Bouche bée devant Bébé, je comprends ma vraie nature. Je suis une *soft subversive*. Une fausse irrévérencieuse. Une prétendue cynique. Bref, une guimauve. Et même pas les vertes ou les roses, là ; les blanches. À peine trois ans, et Bébé a déjà dépassé gaillardement les limites de tout ce que sa mère a même jamais osé imaginer.

J'ai trouvé mon maître.

Devant ce constat douloureux, brisée par la honte, cassée par la défaite, j'aurais toutes les raisons de m'écraser et de hurler ma douleur de l'ordinaire en me roulant partout sur le plancher flottant de mon split-level lavallois. Rhâââââââ-hâââ...

Mais non. Je ne le ferai pas.

Bon, d'une part, c'est vrai, le plancher est un peu sale. Mais surtout, ce qui est merveilleux dans cette histoire, c'est que c'est tout de même moi, la maman, les copains! Et même pleine d'une admiration malsaine devant sa progéniture diabolique, qu'est-ce qu'elle dit, la maman?

*Moi* — Ouais, eh bien, t'auras rien avec des pipis-cacas, chérie. Maintenant, tu vas retourner regarder Dora et apprendre à dire « merci » en 18 langues.

Non, mais c'est vrai quoi. La rébellion, je veux bien, mais encore faut-il savoir contre quoi on se révolte. Ça lui fera les dents mieux que ses bonbons pourris.

Suite de quoi, la conscience tranquille, j'ai piqué une grosse poignée de caramels dans sa citrouille et je suis retournée à mon roman policier.

Il me semblait que, dans les circonstances, c'est ce que j'avais de mieux à faire.

## Suis-moi, je te fuis...

*Madame Marie* — En tout cas, avec les autres amis de la garderie, Bébé est populaire. Très populaire.

*Mère indigne, intriguée* — Ah oui??

*Madame Marie* — Oh, oui! Tous les amis veulent jouer avec elle.

*Mère indigne, songeant avec dépit à ses anciennes années involontaires de nerd asociale* — Tous?

*Madame Marie* — Tous! Il y en a toujours pour dire « Je ne veux pas jouer avec Thomas », ou bien « Je veux qu'Alexa me laisse tranquille », mais ils veulent tous jouer avec Bébé.

*Mère indigne, de plus en plus éblouie* — Elle est si gentille que ça, à la garderie??

*Madame Marie* — Euh... en fait, ils veulent tous jouer avec elle parce que... elle s'en fiche.

*Mère indigne* — Oh. Elle...

*Madame Marie* — ... n'en a rien à cirer. Alors ils ne la lâchent pas. D'ailleurs, elle a toujours l'air un peu ébahie de voir tout le monde rassemblé autour d'elle quand elle relève la tête.

Tudieu. J'espère que Poisson méchant ne sera pas trop jaloux.

# Chapitre 3
## Fille aînée superstar

Il arrive que l'humour, dispersé dans toute son œuvre par le biais d'anecdotes anodines, permette à Allard de traiter des sujets les plus profonds en les ramenant à la légèreté du quotidien. Dans « Fille aînée, ou le côté obscur de la candeur », de quoi parle-t-on, d'un point de vue strictement herméneutique ? De l'angoisse existentielle de l'avenir, du demain. L'inconnu qui vient, l'avenir imprévisible, voilà ce qui est en cause ici, autant chez Allard que chez Proust, par exemple, et notamment dans certains passages de *Sodome et Gomorrhe*. Seule distinction : l'absence notable de gin tonic dans le corpus proustien.

Éric Vignola, *Mère indigne ou la procrastination littéraire*, p. 182.

Ha ! Elle est bien bonne ! Je n'angoisse pas du tout sur le lendemain, moi. Je n'ai absolument pas tendance à tenir des propos insignifiants simplement pour éluder la question de l'avenir et, genre, de l'adolescence. Mon Dieu, l'adolescence… Je pense que je vais aller me faire un gin tonic.

Mère indigne

### My heart belongs to Daddy

Ce n'était pas un soir de soupe.

La soupe, vous vous souvenez ? Dans le tome 1 (que vous devriez lire avant celui-ci, sauf si vous décidez de lire celui-ci avant le premier), lorsque, pour faire face à une attaque de stress parental le plus souvent relié aux fréquentations de Fille aînée à l'école, je faisais de la soupe. Détruire des légumes lorsque la vie nous malmène, y'a que ça de vrai.

Or, ce soir-là, point de soupe au menu.

Suivant le précepte maoïste selon lequel rien n'est trop beau pour la classe ouvrière, je me préparais plutôt à commander une pizza garnie extra bacon et à sortir de notre cave à vin le Santa Reina cuvée 2006 que nous gardions bien au chaud pour les occasions spéciales.

Ce n'était pas un soir de soupe, jusqu'à ce que Fille aînée revienne de l'école.

— Maman, peux-tu m'aider à écrire un petit mot à Mathieu pour la Saint-Valentin ?

— Mais, bien sûr, chérie !

Bye bye la pizza, hello les légumes.

J'ai sorti un gros couteau tranchant acheté récemment à titre préventif, ainsi que tout un panier de champignons bios. Selon un principe taoïste bien connu, les champignons bios sont probablement plus vivants que les autres champignons, ce qui me permet de les faire souffrir davantage.

*Moi* — Bon, chérie, tu veux de l'aide (coupe-coupe) ? Alors prends ça en note (tchac-tchac-tchac) : « Cher Mathieu, ta candidature n'a pas été retenue sur la courte liste par notre panel d'experts. Meilleure chance la prochaine fois. » (TCHAC!)

Fille aînée me contempla de l'air ébahi de quelqu'un qui se demande comment une telle femme a jamais pu mettre la patte sur un homme décent. Sur un homme, tout court.

*Fille aînée* — Maman, laisse faire pour le texte, d'accord? Tu corrigeras mes fautes.

*Moi* — Ah. Oui. D'accord.

Je me consacrai à mon massacre fongique pendant que Fille aînée grattait le papier. Après quelques minutes, elle déposa son crayon et regarda sa feuille d'un air satisfait.

*Fille aînée* — « Cher Mathieu, je t'aime plus que tout au monde. » Est-ce que tu crois que ça va aller ?

*Moi* — Ça va être parfait, chérie.

Tcha-tcha-tcha-tcha-tcha-tchac! Soupe de champignons? Crème de champignons.

(Pour ceux qui se poseraient la question, non, je ne lui ai pas demandé si elle n'aimait pas ses parents, ou à la limite sa petite sœur, plus qu'un jeune énergumène qui ne savait probablement pas encore attacher ses lacets. Ayant moi-même une grande expérience des hommes (j'ai quand même vu les bobettes de Jean-Louis, ne l'oublions pas – en tout cas, moi, je n'ai pas oublié), je sais qu'en matière de cœur il est non seulement habile mais presque obligatoire de leur raconter absolument n'importe quoi pour atteindre nos objectifs. Les gars, ils font la même chose et tout le monde est content. Non? Enfin, passons.)

*Fille aînée* — Mathieu, je l'aime parce qu'il me fait rire.

*Moi* — C'est une belle qualité.

Silence. Fille aînée traçait autour de son message d'amour un cœur aux contours compliqués.

*Fille aînée* — C'est drôle, hein, maman ? On dirait que c'est de mère en fille. Tu aimes papa parce qu'il te fait rire, et moi, j'aime Mathieu pour la même raison !

*Moi* — C'est vrai que papa me fait beaucoup rire.

Parfois même sans le vouloir…

*Fille aînée* — Tiens, je vais ajouter autre chose à mon message. « Tu… me… fais… ri-re… com-me… mon… pè-re. » Voilà ! C'est terminé.

« Tu me fais rire comme mon père. » Je ne sais pas ce que Mathieu va en penser, mais, je vous l'avoue, mon cœur a fondu. Tellement que je n'avais même plus le cœur à la soupe.

J'ai étalé sur le comptoir les champignons encore indemnes, puis je les ai enduits d'huile d'amande douce avant de leur prodiguer un massage expert. Ensuite, j'ai ouvert la porte patio et les ai relâchés dans la nature, afin qu'ils puissent s'épanouir et, qui sait?, peut-être même connaître, comme moi, les délices de la maternité.

Quand Père indigne est rentré, je lui ai évidemment montré le petit message élaboré par sa fille. Il était tellement ému, il a fait une blague belge.

On a commandé la pizza, bu le vin.

Une bien belle soirée.

Le lendemain matin, les champignons avaient disparu. Sans doute ivres d'allégresse, ils avaient laissé dans la neige les traces éparses de leur danse joyeuse.

À moins que ça n'ait été des traces de lièvre? Comme le dit l'adage confucéen, rendu là, il fallait aller travailler.

## Oui aux engueulades

Il y a quelques jours, Fille aînée est revenue de l'école la joie dans le regard.

*Fille aînée* — Maman! Aujourd'hui, j'ai appris une nouvelle chanson. Tu veux la connaître?

*Mère indigne* — Bien sûr, mon amour.

*Fille aînée* — Je t'avertis, il y a deux mauvais mots dedans. Elle est drôle, tu vas voir: «Le ciel est bleu, la mer est calme, ferme ta gueule pis rame! J'peux pas ramer chuis constipé, va te faire engueuler!»

*Mère indigne* — Rhhhhumpffffrrrhum. Dis donc. Des gros mauvais mots, ça. (Tousse, tousse.)

*Fille aînée* — T'as entendu, hein? Y'a «gueule», puis «engueuler». Allez, je vais te l'apprendre. Le ciel est bleu...

Fille aînée me regarda d'un air encourageant. Je poursuivis donc, d'un air faussement hésitant:

*Mère indigne* — La mer est calme...
*Fille aînée* — Ferme taaaaa...
*Mère indigne* — Gueule!
*Fille aînée* — Piiiiiis...
*Mère indigne* — Rame!
*Fille aînée* — J'peux pas raaaa...
*Mère indigne* — Mer...
*Fille aînée* — Chuis...
*Mère indigne* — Con...?
*Fille aînée* — Stiiii...
*Mère indigne* — Pé!

*Fille aînée* — Vas te faire ennnn...
*Mère indigne* — En...?
*Fille aînée* — Ennnn...
*Mère indigne* — Engueuler!
*Fille aînée* — Bravo maman! T'es vraiment bonne pour le par cœur!

(Note au lecteur: Puisque la suite comporte des gros mots et dans le but d'épargner votre sensibilité, le reste du billet a été écrit dans un langage codé extrêmement difficile à déchiffrer. Ainsi, j'ai remplacé chaque lettre par celle qui se trouve 26 places plus loin dans l'alphabet. Bonne chance.)

Fille aînée riait de bon cœur de voir sa maman si bonne élève, et moi, j'étais encore plus réjouie d'avoir réussi à éviter la question qui tue – c'est-à-dire quelque chose comme «Maman, est-ce que ça existe le mot "enculer"?» Ah, ah! Y'a pas à dire, la vie est bonne pour...

*Fille aînée* — Maman, est-ce que ça existe le mot «enculer»?

... Est bonne pour la déchiqueteuse.

*Moi* — «Enculer»? Hum. Oui, ça existe. Mais c'est un très, très mauvais mot.

*Fille aînée* — Ah oui? Ça existe? Audrey, elle disait qu'il fallait dire «enculer» dans la chanson, pas «engueuler». Mais moi, moi j'avais dit à Audrey que ça n'existait pas, ce mot-là.

*Moi* — Ça existe.

*Fille aînée* — Et qu'est-ce que ça veut dire?

Chienne, chienne de vie. Méchant, méchant Père indigne qui n'est pas encore revenu du boulot.

*Moi* — Ça veut dire, heu, qu'une personne x met un objet p dans les fesses d'une autre personne y.

*Fille aînée* — Maman! Tu as dit «dans les fesses». C'est «sur les fesses» qu'il faut dire!

*Moi* — Non non. J'ai dit «dans les fesses» parce que c'est dans les fesses.

*Fille aînée* — Dans les fesses?

*Moi* — Moui.

Fille aînée digéra l'information et déclara ensuite d'un air résolu: «Alors, c'est moi qui ai raison. C'est sûrement "engueuler" qu'il faut dire à la fin de la chanson.»

Oh, que oui, chérie. À tout le moins pendant les quelques prochaines années...

## Père indigne, détective privé (de dessert)

*Père indigne* — Pour la fête de Fille aînée, je lui ai acheté un album du *Chat*.

*Mère indigne* — Hm.

Vous l'aurez remarqué, Mère indigne ne déborde pas d'enthousiasme. C'est que, dans sa mémoire, un souvenir reste à jamais gravé au fer rouge : Fille aînée à 6 ans, un album du *Chat* sous le bras, lui demandant ce que le mot « couilles » veut dire. Le même souvenir, plus celui d'une amère discussion subséquente, se trouve également gravé à jamais dans la mémoire de Père indigne, qui s'empresse d'ajouter :

*Père indigne* — J'ai vraiment scanné le livre, cette fois-ci. Le pire que j'ai trouvé, c'est « sale couillon » et « couilles molles ».

*Mère indigne* — Oui, bon, pour ça on est déjà blindés. Mais quand même.

*Père indigne, qui tient mordicus à distiller le* belgian way of life *chez ses filles* — J'ai bien scanné, je te le jure.

Mère indigne ayant accordé sa bénédiction d'un « Mouais, OK d'abord » gracieux, on emballa l'ouvrage et on n'y pensa plus.

On n'y pensa plus jusqu'à hier soir, alors que Fille aînée s'est approchée de Mère indigne, son nouvel album du *Chat* sous le bras, et lui a demandé : « Maman, qu'est-ce que ça veut dire, "bander" ? »

*Mère indigne* — Oh, là là ! T'as vu dehors, y'a un geai bleu ! Oh, là là, comme il est beau ! T'as vu le geai bleu ? Regarde,

regarde, quel beau geai bleu! D'habitude y'en a chez Marie mais je crois bien que c'est la première fois que-

*Fille aînée* — Maman. Je t'ai posé une question.

*Mère indigne* — Ah oui, euh, donc, «bander», disais-tu? «Bander», hum, comme dans «Il faut te bander les yeux», j'imagine?

*Fille aînée* — Non, attends, je vais te lire. C'est le *Chat* qui est sur les genoux d'une dame et qui dit: «À force de me caresser comme ça, elle va finir par me faire bander.»

*Mère indigne* — ...

*Père indigne* — Je... j'avais pourtant bien scanné...

## Ça change du jambon roulé

*A priori*, je n'ai rien contre France Gall et Jacques Dutronc. Poupée de cire, poupée de son, c'est très bien, et entendre la pauvre France chanter l'amour d'Annie pour les sucettes a quelque chose d'émouvant.

Mais ces deux-là jouent aussi à un jeu dangereux. Ils chantent des chansons qui parlent de thèmes d'adolescents et d'adultes, mais que, à cause de leurs mélodies rigolotes, les enfants aiment aussi. Ça, ça nous fait peur, à nous, les parents. Car, même si on préfère Dutronc à Océane, il y a des choses qu'on aime mieux ne pas avoir à expliquer.

*Fille aînée* — Maman, c'est quoi un piège à filles, un piège tabou, un joujou extra, qui fait crac-boum-hu?

*Moi* — Euh… Une Wii.

*Fille aînée* — Aaaaah, d'accord.

(*Sœur indigne, à qui nous avons relaté l'incident* — Ah, ouais. Une Wii, Wii, encore.)

Cependant, rendons à Fille aînée ce qui lui appartient : à huit ans, elle est encore l'innocence incarnée. C'est pas comme l'autre, là, le truc de deux ans et demi qui gambade dans la maison en scandant ZIZI-PÉNIS et en célébrant le potentiel érotique du jambon roulé. D'ailleurs, la chanson préférée de Bébé, en ce moment, je vous le donne en mille, c'est *Les Playboys* de Dutronc. Elle, je suis convaincue qu'elle le sait d'instinct ce que c'est, le joujou qui fait crac-boum-hu.

L'instinct, chez les bébés, ça peut être terrifiant.

Mais Fille aînée, c'est différent. Une oasis de pureté au milieu d'un désert de jambon. À preuve, cette conversation entre elle et moi dans un petit train électrique du centre commercial :

*Fille aînée* — Maman... Est-ce que je pourrais faire un tour de train toute seule, tout à l'heure ?

*Moi* — Toute seule ? Mmmm...

*Fille aînée* — Steplèsteplèsteplèsteplèsteplèstepl-

*Moi* — ... moui.

Et Fille aînée, ravie, d'entonner : « Mes premières vraies vacances, j'en rêvais depuis longtemps... »

Ça, c'est une chanson de France Gall, où elle raconte à quel point elle sera ravie de partir à la mer l'été prochain sans ses imbéciles de parents, de rester décoiffée, nu-pieds, et peut-être même de rencontrer un charmant jeune homme qui va lui jaser crac-boum-hu dans un coin sombre de la seule discothèque du patelin. Ou peut-être pas. Car France insiste :

*D'accord*
*Pour la balade en bateau*
*D'accord*
*Et s'il m'offre des gâteaux*
*D'accord*
*Mais s'il m'en demande trop*
*Paaaas d'accord*

Je craignais un peu le moment où Fille aînée voudrait investiguer les tenants et aboutissants du « trop » en question. Qu'est-ce qu'il pourrait lui demander « de trop », au juste ? J'avoue que dans ma tête, entre le bisou sur la joue et la relation sexuelle non protégée, la réponse n'était pas clairement définie.

Mais, dans le petit train électrique du centre commercial, alors que nous chantions en cœur ce périlleux refrain, Fille aînée m'a complètement rassurée.

*Fille aînée* — Hein ? Comment t'as dit, maman ?

*Moi, d'une toute petite voix* — Euh... « Et s'il m'en demande trop, pas d'accord » ?

*Fille aînée* — Mais noooon ! C'est pas ça qu'elle dit ! Elle dit « D'accord, pour la balade en bateau, d'accord, et s'il m'offre des gâteaux, d'accord, mais s'il en mange trop, paaaas d'accord ! »

Vive les gâteaux ! Et gardons les doigts croisés...

# Mère indigne et les doigts humains

Bon, bon, bon.
(Je vous le dis pour le futur, mais, quand je commence un message avec « Bon, bon, bon », c'est parce que j'ai honte de quelque chose. Mais je vais vous le raconter pareil, hein, faut pas croire. On a des principes, mais seulement là où ça compte. C'est-à-dire, heu… On applique nos principes lorsque… Pouf, pouf… En tout cas, on s'en reparle, j'ai un truc à vous dire.)

Bon, bon, bon.

Ce n'est pas évident pour vous qui lisez fort gentiment ce livre, mais je suis une personne qui a de l'imagination. Ce n'est pas évident, dis-je bien, puisque tout ce que je raconte ici est toujours ri-gou-reu-se-ment vrai. Mais j'aime bien inventer des choses de temps en temps. Comme des blagues. Quel est le pays préféré des chiens ? Le Japon. Celui des voleurs ? La Libye. Des bûcherons ? La Syrie. Des grenouilles ? La Croatie.

Je sais, je sais. Vous n'en revenez pas. Une vraie machine. Père indigne, en tant que Belge, donc supposément « drôle », en est vert de jalousie.

Et en plus, c'est pas tout ! J'invente des chansons, aussi. Enfin, je prends des airs connus et, là, je remplace les paroles. Des trucs sophistiqués, bon chic bon genre. Rien de scatologique ou qui parle des parties privées, hé, ho.

Bon, bon, bon, j'avoue, ça m'arrive peut-être une fois de temps en temps. Rarem- bon, d'accord, souvent. Et parfois même, ô horreur, devant mes enfants.

Mais ce n'est pas ma faute. C'est la faute à Fille aînée. Qu'est-ce que je pourrais faire d'autre ? Elle croit encore au père Noël, la pauvre. Alors je me dis qu'il est de mon devoir de mère de l'éveiller à d'autres réalités. Pour qu'elle puisse apporter une contribution positive à son groupe d'amis et que sa croyance abjecte et irrationnelle dans le père Noël ne soit pas un trop gros handicap dans sa vie sociale.

Et par « d'autres réalités », j'entends les chansons inventées. De préférence stupides. Et à léger contenu scatologique ; juste ce qu'il faut pour ravir les enfants du primaire et leurs mamans. Enfin, au moins une maman. Moi.

C'est pas très joli, je sais, mais c'est pour son bien.

*Mère indigne, hier, dans la voiture* — Hin hin hin.

*Fille aînée* — Pourquoi tu ris, maman ?

*Mère indigne* — Hum. Je... Je ne peux pas te le dire.

*Fille aînée* — ...

(En fait, à 8 ans et demi, Fille aînée sait déjà que sa mère est absolument incapable de retenir une blague, qu'elle soit bonne ou mauvaise. Surtout, soyons honnêtes, lorsqu'elle est mauvaise.)

*Mère indigne* — C'est parce que j'ai inventé des nouvelles paroles pour « La mère Michel », mais je ne peux pas te les dire, ce n'est pas un sujet pour les enfants.

*Fille aînée* — ...

*Mère indigne* — Non, sérieusement. Je ne peux pas.

*Fille aînée* — ...

*Mère indigne* — Je... c'est pas...

*Fille aînée* — ...

*Mère indigne* — Ou alors, tu promets de ne pas dire à papa que ça vient de moi.

(Père indigne, il ne devinerait jamais, hein. Complètement mystifié, le mec. Hum.)

*Fille aînée* — C'est promis! C'est promis! C'est quoi les paroles?

*Mère indigne (ravie de pouvoir chanter tout haut ce qu'elle pense tout bas)* — C'est la mère Michel qui a perdu son doigt/Qui crie par la fenêtre à qui le lui rendra/C'est le père Lustucru/Qui lui a répondu/Allez la mère Michel, votre doigt est dans votre...

*Fille aînée, triomphalement* — NEZ!

Je ne sais pas ce que vous en pensez, mais j'ai l'impression qu'on s'enligne pour être pris avec le père Noël encore un bon bout de temps.

# Parle plus fort, j'ai un cartable dans l'oreille

*Fille aînée* — Tu sais, vendredi à l'école, il est arrivé quelque chose de vraiment bien.

*Mère indigne* — Tu as retrouvé toutes tes mitaines perdues ? (Ben quoi, on sait jamais.)

*Fille aînée* — Pfff. Ben non. C'est Michael. Il est venu me parler.

*Mère indigne* — Et alors ?

*Fille aînée* — Ben, j'ai calculé, et ça faisait un an et demi qu'on ne s'était pas parlés !

*Mère indigne* — Pour des enfants de huit ans, c'est vrai que c'est un bail.

*Fille aînée* — Tu sais, ce que tu m'avais raconté ? Que tu t'étais réconciliée avec un ami à qui tu n'avais pas parlé depuis 10 ans ?

*Mère indigne* — Douze.

*Fille aînée* — Et que c'était un peu ridicule de ne pas se parler pendant tout ce temps-là, t'sais, un peu niaiseux ?

*Mère indigne* — Même si c'était entièrement sa faute.

*Fille aînée* — Madame Sophie, elle dit que c'est toujours un peu la faute des deux. Alors ça devait quand même être un peu ta faute.

*Mère indigne* — Hmfvrmmroui.

*Fille aînée* — En tout cas, j'étais vraiment contente que Michael me parle. Parce que c'est vrai que c'est niaiseux de ne pas se parler. En plus, je ne me souviens pas vraiment pourquoi on ne se parlait plus, alors...

*Mère indigne* — Tu as raison. C'est très bien ce qui vous arrive, très mature. Ça veut dire que vous grandissez.
*Fille aînée* — Oui, j'étais super fière de notre comportement.
*Mère indigne* — Et qu'est-ce qu'il t'a dit, Michael ?
*Fille aînée* — Je sais pas, j'ai pas bien entendu.

## Rhétorique d'enfer

Ah, l'Halloween! Une bien belle fête, qui amène en nos demeures quantités industrielles de bonbons au goût horriblement chimique, mais aussi la traditionnelle discussion avec Fille aînée.

*Mère indigne* — Tu ne sors pas sans ton manteau. Tu vas attraper un rhume.

(Et maman va devoir rester à la maison pour te soigner au lieu d'aller prendre son pied professionnel au bureau. Pas question.)

*Fille aînée* — Mais il ne fait pas si froid que ça!

(Dehors, traditionnellement, il pleut/neige/grêle/vente à écorner les démons.)

*Mère indigne* — Tu ne sors pas sans ton manteau. Le rhume.

*Fille aînée* — Mais si je mets mon manteau, on verra pas mon déguisement!

*Mère indigne* — Tu ne sors pas sans ton manteau. Déjà que tu ne te sentais pas bien à l'école aujourd'hui. Mais on peut explorer des solutions.

Alors là, je vous donne ze truc: la solution consiste à mettre le déguisement par-dessus le manteau. Je sais, c'est incroyable comme nous sommes créatifs dans cette famille.

Le problème cette année, c'est que le déguisement de Fille aînée (une jolie sorcière) est assez ajusté à son corps et, lorsqu'il est mis par-dessus son manteau beige pâle, il donne à Fille aînée l'air de David Banner qui se retrouverait transformé en incroyable Hulk alors qu'il s'apprêtait à s'envoyer en l'air lors d'une soirée de travestis.

*Fille aînée* — Ça fait un peu bizarre.

*Mère indigne* — Si tu veux, je te maquille la figure en vert ?

*Fille aînée* — Hein ?

*Mère indigne* — De toute manière, ça ne sert à rien d'insister. Tu ne sors pas sans ton manteau.

Le deuxième problème, cette année, c'est que, pour une fois, le temps est incroyablement doux. Des tonnes de jeunes filles court vêtues ont réussi, on ne sait trop comment, à cacher à leurs parents l'étiquette « déguisement sexy pour party de bureau » lors de l'achat de leur costume. Les rues de Laval, P.Q. sont envahies d'infirmières désirant prendre votre température ailleurs que dans la bouche et de femmes de chambre voulant dépoussiérer ailleurs qu'en dessous du lit.

*Fille aînée, qui a des yeux pour voir* — Et c'est moi qui vais attraper un rhume ! Les filles sont toutes en MINI-JUPES !

*Mère indigne* — Quand tu seras ado, tu auras le droit d'attraper un rhume.

Et toc ! D'ici 4 ou 5 ans, je trouverai bien un argument contre les déguisements sexy.

## Coma Chameleon

Hier, Fille aînée m'a annoncé d'un air pénétré : « Maman, j'ai inventé une chanson. Les paroles... je pense qu'elles sont très belles. »

*Mère indigne* — Ah oui, qu'est-ce que c'est ?
*Fille aînée* — « Sortir du coma... »
*Mère indigne* — Mrfff...
*Fille aînée* — « Ne plus voir la vie en noir... Sortir du coma... »
*Mère indigne* — Prfff...
*Fille aînée* — « Le coma de la joie. »
*Mère indigne* — « Le com... mrfff... coma de la joie ». Wow.
*Fille aînée* — Oui, tu sais, j'ai essayé de faire une chanson importante. Pour dire qu'il fallait être heureux.
*Mère indigne* — Comme... sortir la joie du coma ?
*Fille aînée, dont les certitudes vacillent quelques secondes* — Ouuuui. Mais sortir du coma de la joie, c'est pareil. Hein ? C'est pareil ?
*Mère indigne* — Oui, chérie. Bien sûr. Identique. Et magnifique. Rmflgrrfff.

Plus tard, avec Père indigne :
*Mère indigne* — Je pense que je n'aurais pas dû télécharger les chansons de Marie-Mai pour Fille aînée. Elle y est allée d'une composition personnelle.

*Père indigne* — Qui disait ?

*Mère indigne* — « Sortir du coma/Quelque chose au sujet d'idées noires/Sortir du coma... »

*Père indigne* — Mrfff...

*Mère indigne* — LE COMA DE LA JOIE !

*Père indigne* — ... Okayyyy. Je lui en compose une autre sur le vomi de la vie, pis on fait Star académie.

⌣

Encore plus tard :

*Mère indigne* — Si tu veux, avant d'aller te coucher, on peut regarder où en est le Canadien à la télé. Oh, oh. Trois à zéro pour Philadelphie.

*Fille aînée, très hockey, copains d'école obligent* — Ahnoncépavraiiiii !

*Mère indigne* — Ouaipe, chérie. J'ai l'impression que le Canadien a une petite déprime, là. Un petit coup de fatigue. Qu'il a besoin d'un peu d'encouragements.

*Fille aînée* — Bonne idée Maman ! Go Habs GO ! Go Habs GO !

*Mère indigne* — Go les Habs ! Sortez... du... COMA DE LA JOIE !

*Fille aînée* — ...

*Mère indigne* — Mrfff...

*Fille aînée* — Très drôle.

# Les vacances d'été[*]

Moi, je dois vous dire franchement, en tant que parent, je ne crois plus tellement au sens du mot «vacances» dans l'expression «vacances d'été».

Suffit de traîner un peu sur Internet pour constater à quel point on vit dans un monde rempli de détresse. La question «que faire pendant les vacances avec les enfants», qui revient des milliers de fois dans les forums de discussion, nous révèle toute l'ampleur de l'angoisse humaine, et plus précisément de l'anxiété parentale à l'aube de la saison du Dairy Queen. Surtout qu'en général c'est dès le troisième jour qu'on devra faire face à la phrase fatidique: «J'ai rien à faire.»

Pour les gens comme moi, qui passeraient des mois entiers à lire des romans policiers et qui doivent donc affronter le vide intersidéral lorsque vient le moment d'avoir des idées d'activités en famille, il est très normal de demander de l'aide sur Internet. Mais est-ce qu'on la trouve?

Malheureusement, il suffit de faire une brève incursion sur des sites soi-disant pratiques pour voir qu'en fait ils ne nous sont d'aucune utilité. Une chronique destinée à donner des idées aux parents nous invite, par exemple, à adopter un «code de vie des vacances». On nous propose des règles aussi alléchantes que «chaque vacancier doit se coiffer différemment chaque jour». Mais, bon sang, chacun sait que les parents ne se coiffent plus depuis belle lurette, et encore moins en vacances!

---

[*] Chronique radiophonique diffusée en juin 2008 à l'émission *Nulle part ailleurs*, Radio-Canada, Sudbury.

Un autre de ces sites sataniques nous propose de ne pas aller au lit avant d'avoir chacun attrapé deux lucioles. C'est plus qu'une idée ridicule, c'est une infamie! Premièrement, pourquoi serait-il acceptable de jouer avec la vie de pauvres lucioles? Imaginez si on nous conseillait, à la place des lucioles, d'attraper chacun deux petits bébés phoques sur la banquise? Appelez-moi la Brigitte Bardot des lucioles, mais je m'objecte farouchement à leur chasse, et surtout à l'utilisation de leur fourrure pour fabriquer des sacs de couchage. On ne pourrait pas dormir avec toute la lumière. Et deuxièmement, le but est de COUCHER les enfants TÔT, pas de les envoyer s'exciter pour qu'ils reviennent en réclamant encore plus de guimauves grillées. Il faudrait au contraire leur inculquer la hantise des lucioles, pour qu'ils aillent eux-mêmes se cacher dans leur lit dès qu'ils en aperçoivent les premières lueurs.

Et dans d'autres sites horriblement culpabilisants, on nous exhorte à ne pas parler de l'école pendant les vacances, sous prétexte que cela pourrait traumatiser nos pauvres petits n'enfants, leur rappeler qu'ils vont être obligés de retourner en septembre dans ces sombres endroits où ils devront (horreur!) apprendre des choses. Bon, moi je veux bien, mais est-ce qu'on peut quand même se parler de l'école entre parents, pour se dire à quel point on a hâte qu'elle recommence?

Non, mes chers parents. Inutile d'espérer une quelconque aide du cyberespace. Nous sommes seuls au monde.

Cela dit, et puisque vous m'êtes sympathiques, j'ai décidé de partager avec vous seuls quelques idées qui m'ont été inspirées par ce thème estival.

Tout d'abord, et bien que la tentation puisse être grande, je vous déconseille de perdre vos enfants en forêt avant de partir pour deux semaines à Miami. Premièrement, nos enfants aujourd'hui sont très précoces et, malheureusement, ils connaissent déjà leur adresse par cœur dès l'âge de 3 ou 4 ans. En plus ils peuvent appeler le 911 à partir du cellulaire de Dora que leur parrain leur a offert pour Noël. Une poursuite policière sur la 40 avec vos enfants qui pointent votre voiture du doigt du haut de l'hélicoptère est certes une manière enlevante de commencer des vacances, mais aussi de les terminer un peu trop rapidement.

J'ai par contre devisé un plan ingénieux pour assurer à votre couple un bref moment d'intimité pendant les vacances. Vous mettez les enfants dans un avion en partance pour l'Australie, avec un papier assurant qu'ils vont rejoindre leur grand-maman. Vous vous reposez pendant 3 ou 4 jours, le temps que la compagnie aérienne se rende compte que personne, pas même un kangourou, n'attend votre marmaille à Sydney et ne vous les rapatrie vite fait. Vos enfants seront ravis de l'aventure, et vous aussi, puisque vous rentrerez à la maison avec les bouteilles de gin que vous leur aurez demandé d'acheter à la boutique hors taxe. Vous quitterez tous ensemble l'aéroport en rigolant, au pas de course, et comment mieux terminer cette épopée que par une autre poursuite policière sur la 40? Car malheureusement, les forces de l'ordre n'ont parfois pas le même sens de l'humour que les parents au bord de la crise de nerfs.

Mais, après de multiples essais et erreurs, je pense avoir trouvé LA solution au problème des vacances. En tout cas, des miennes. Ça m'est venu en allant chercher du lait au dépanneur plus tôt aujourd'hui, et – oh! – justement, Père indigne vient de m'envoyer un texto à ce sujet: «quand reviens-tu du dépanneur, toi partie depuis 2 heures». Juste un moment, chers amis, je lui réponds: «Chéri, plus de lait au dépanneur, moi partie à Bora-Bora acheter du lait de vaches heureuses.

Retour dans trois semaines avec un 2 litres, signé, ton épouse aimante ». Hiiiiiiiiiiii !

Bon, mon avion est sur le point de s'envoler vers le Pacifique, alors je me dépêche de vous souhaiter à tous de fabuleuses vacances d'été avec les enfants, que vous aimez malgré tout, n'est-ce pas ?

Surtout les vôtres.

# L'ignorance, c'est le pied

*Fille aînée* — Maman, je sais comment on appelle ça, le poil en dessous des bras.

*Mère indigne* — Ah oui? (Y'a un nom pour le poil en dessous des bras? Pouf pouf... Le poil, euh, pubien?... ah, non, c'est pas ça, ça c'est ailleurs...) Comment on appelle ça?

*Fille aînée* — Les menstruations.

*Mère indigne* — Euh...

*Fille aînée* — C'est ça que mes amis disent à l'école.

*Mère indigne* — Eh bien, euh, ils se gourent. C'est pas ça.

*Fille aînée* — Ben c'est ça que mes amis disent à l'école.

*Mère indigne* — Les menstruations, c'est du sang.

*Fille aînée* — (Cligne, cligne.) Ben c'est pas ça que mes amis disent à l'école.

*Mère indigne* — C'est du sang qui sort par la zézette une fois par mois quand notre corps comprend qu'on n'a pas de bébé dans notre ventre. Notre corps, euh, chaque mois il construit un petit coussin, genre, en sang, puis quand aucun bébé ne vient s'installer, ben, le coussin sort. En sang.

*Fille aînée* — (Cligneclignecligneclignecligne. Cligne.) En tout cas, c'est pas ça que mes amis disent à l'école. Pis en tout cas, faut que j'aille dans ma chambre.

*Mère indigne* — Super. On s'en reparle le plus tard possible, OK?

## Surprises et autres singeries

Après quatre jours d'un cruel éloignement, Mère indigne rentre d'un voyage à Vancouver et se prépare à accueillir, au creux de ses bras aimants, les membres de sa famille désemparés par une si longue absence.

*Mère indigne* — Mes chéris ! C'est moi ! Je le sais, vous avez tant souffert. Venez vous réfugier dans mes bras accueill-

*Bébé* — MA SUPIIIIZE !

*Mère indigne* — Ta... ?

*Bébé* — VEUX MA SUPIIIIZE !

*Père indigne* — Elle veut son cadeau. Tu lui avais promis une surprise avant de partir.

*Mère indigne* — Oui, bon. Viens ici, Bébé. Viens me donner un bisou. Après, je vais te donner ta-

*Bébé* — SUPIIIZE ! AAAAAAAAAAAAAAAHHHHHHH-MAVEUXMASUPIIIIZEÀMAAAA !

*Fille aînée* — Maman ?

*Bébé* — Supize ?

*Mère indigne* — Ah, ma grande chérie ! Tu viens me faire un gros câ-

*Fille aînée* — Euh, oui, maman, c'est parce que... t'as une imprimante couleur à ton travail ?

*Mère indigne* — Ben... oui. Mais tu viens me donner un bis-

*Fille aînée* — C'est parce que c'est pour ma présentation sur les orangs-outangs. J'ai besoin d'images.

*Bébé* — Supize, maman ?

*Mère indigne* — Ooooké, des images d'orangs-outangs. C'est noté. Gros bis- ?

*Fille aînée* — Et j'ai aussi besoin que tu trouves la réponse à une question très importante sur les orangs-outangs.

*Mère indigne* — Une question très importante. Sur les orangs-outangs.

*Fille aînée* — Oui. Ça concerne l'âge de leur maturité sexuelle.

*Bébé* — Supize !

*Mère indigne* — L'âge. De leur maturité sexuelle.

*Fille aînée* — C'est parce que j'ai oublié si c'est à 4 ans ou à 6 ans qu'ils deviennent matures sexuellement.

*Mère indigne* — Tu sais c'est quoi, la maturité sexuelle ?

*Fille aînée* — Ben ! C'est l'âge où le pénis pousse.

*Bébé* — SUPIZESUPIZESUPIZE !!!

*Mère indigne* — L'âge où le... D'accccooooooord.

*Fille aînée* — Si t'as des photos de ça, tu les imprimes.

*Mère indigne, s'imaginant la gueule de madame Nadia quand Fille aînée va faire sa présentation en classe* — Non, je ne pense pas non. Tiens, Bébé, ta surprise.

*Bébé* — MA SUPIIIIZE ! Massi maman.

*Mère indigne* — Tu me donnes un beau bisou, là ?

*Bébé* — Va-t-en.

*Mère indigne, au désespoir, se tournant vers Père indigne* — Toi, chéri, au moins, tu es content de me voir ?

*Père indigne* — Tu parles. J'arrivais justement à ma maturité sexuelle. Ça pousse, je le sens.

*Mère indigne* — Oh ! Une supize ? Pour moi ?

*Père indigne* — Après ces retrouvailles difficiles avec nos enfants, tu le mérites bien.

*Mère indigne* — Merci, chéri... Je suis rassurée de savoir que je ne suis pas pour toi qu'un simple instrument que tu prévois utiliser selon ton bon vouloir. Que je possède vraiment une dignité intrinsèque en tant qu'être humain digne de respect.

*Père indigne* — Hé hé.

*Mère indigne* — Chéri, je blague. Je ne suis pas dupe. Mais je suis une femme pleine de sagesse, et je sais qu'on doit accepter ce qu'on ne peut changer. Sers-moi une vodka-orange et je resterai votre esclave pour l'éternité.

Mère indigne sirota sa vodka-orange en se disant tout de même qu'un jour elle finirait bien par les avoir.

# Inédit
## Le père Noël du campeur

Cette histoire se passe en juillet.
Oui, oui, c'est ça.

Cette histoire doit se passer en juillet, parce que Mère indigne se souvient avoir eu très chaud dans la voiture, alors que Fille aînée et elle allaient cueillir Bébé à la garderie. Un trajet d'à peine cinq minutes, mais qui leur a paru une éternité.

*Fille aînée* — Maman? Il y a quelque chose que je dois absolument te demander.

*Mère indigne* — Quoi donc, mon amour? Tu sais que tu peux me poser ab-so-lu-ment n'importe quelle question. Même si je préfère que ça porte sur autre chose que la vie sexuelle des orangs-outangs.

Ou que le père Noël, c'est vrai. Parce que tous les parents vivent dans l'angoisse de la découverte, par leurs enfants si innocents et si confiants, du grand mensonge. Mère indigne est d'ailleurs persuadée que c'est cette trahison parentale qui est à la source de l'acné, de la crise d'adolescence, des concours de calage, de la calvitie, de l'incontinence et de la mauvaise haleine.

Mais bon, nous sommes en juillet. Loin, encore bien loin de Noël et de ses questionnements existen-

*Fille aînée* — C'est au sujet du père Noël.

*Mère indigne* — Oh! Oh. Oooh...

*Fille aînée* — Est-ce qu'il-

*Mère indigne* — Oh, Seigneur. C'est fou, on doit bien être au mois de juillet parce qu'il fait vraiment chaud tout à coup...

*Fille aînée* — ... il existe, ou pas ?

*Mère indigne* — Je, euh, attends, j'ai mis la climatisation à fond et j'ai peur de ne pas avoir bien saisi ta question...

*Fille aînée, terriblement têtue* — Est-ce que le père Noël existe, oui ou non ? Tu peux me dire la vérité, tu sais. Je vais comprendre.

Alors là, les amis, c'est la panique totale. Parce que quiconque ayant développé un décodeur interpersonnel un tant soit peu sophistiqué sait que l'expression « tu peux me le dire, je vais comprendre » signifie en réalité « soit tu me confortes dans mon déni de la réalité, soit je vais t'en faire baver, séances de psychiatrie et poursuites judiciaires incluses ».

Chez l'adulte, on retrouve l'équivalent de ce genre de question avec les classiques « Est-ce que je suis gros(se) ? », « Est-ce que mon zizi est gros ? », ou alors « Chéri(e), t'est-il déjà, par hasard, arrivé de serrer davantage que la main d'un(e) collègue lors de vos partys de bureau/colloques/réunions de travail ? Hein ? Tu peux me dire la vérité, tu sais. Je vais comprendre... »

Le véritable défi n'est pas ici de déterminer s'il faut dire la vérité ou non, mais de savoir si notre interlocuteur désire vraiment qu'on lui dise la vérité.

Fille aînée veut-elle vraiment savoir que le père Noël et le lapin de Pâques vivent en concubinage pour l'éternité dans un tout-inclus au pays des Merveilles ? Il est permis d'en douter.

Ajoutez à cela le fait que Mère indigne, quand elle joue à Vérité ou Conséquence, choisit systématiquement l'option « conséquence », et vous comprendrez qu'il n'existe, dans ce cas de figure, qu'une seule stratégie parentale logique : l'évitement.

*Mère indigne* — Tu veux savoir s'il existe. Mais qui ça ?

*Fille aînée* — Le père Noël.

*Mère indigne, qu'on croirait venue d'une autre planète* — Le père Noël ?

*Fille aînée* — Oui

*Mère indigne* — S'il existe ?

*Fille aînée* — Oui.

*Mère indigne* — Euh, attends, chérie. Il y a un feu rouge. Je dois me concentrer, tout à coup qu'il tournerait au vert... Et ensuite, je vais devoir me concentrer sur la route pour, euh, ne pas frapper un oiseau... ou un moustique...

*Fille aînée* — Je veux juste que tu me répondes par oui ou par non.

*Mère indigne, qui commence à sentir la soupe chaude* — Mais... mais... mais... Tu me demandes ça maintenant ? En plein mois de juillet ?

*Fille aînée* — Oui.

*Mère indigne, qui commence à sentir le pied (du mur)* — Mais... mais... mais... Ce n'est pas la peine d'en discuter maintenant, voyons ! C'est comme si tu avais commencé à me parler de ton costume d'Halloween au mois d'avril.

*Fille aînée* — Je t'en parle chaque jour depuis février.

C'est vrai, Fille aînée harcèle Mère indigne avec son déguisement d'Halloween depuis février, peut-être même depuis la fin de janvier. Et Mère indigne ne l'a pas oublié. Mais tout ce qu'elle souhaite en invoquant la dive citrouille, c'est faire diversion. Et, mazette, ça semble fonctionner !

*Fille aînée* — Parlant d'Halloween, as-tu regardé sur eBay pour mon costume ?

*Mère indigne* — Je te jure qu'on va regarder ça ensemble dès notre retour à la maison.

Mère indigne espère, en faisant cette promesse, chasser l'infâme bonhomme rouge de l'esprit de Fille aînée. Mais le problème, c'est qu'elle lui promet de regarder sur eBay depuis février, peut-être même depuis la fin de janvier. On est en juillet. C'est probablement forte de cette expérience de procrastination maternelle que Fille aînée décide que, pour le père Noël, elle ne lâchera pas la patate.

*Fille aînée* — Hm. Mais Maman, tu n'as pas répondu à ma question. Pour le père Noël.

*Mère indigne* — C'est quand même une question importante.

*Fille aînée* — Je sais.

*Mère indigne* — Tu es certaine de vouloir que j'y réponde maintenant ? Dans la voiture ?

*Fille aînée, impitoyable* — Absolument.

*Mère indigne, se raccrochant à n'importe quoi* — Un sujet si fondamental ! Et on ne peut même pas se regarder dans les yeux !

Sous la pression, Mère indigne halète. C'est une véritable bête traquée. Une bête traquée qu'on voudrait traiter avec indulgence, mais qui irrite aussi profondément par son allure misérable.

C'est sans doute pourquoi Fille aînée choisit elle-même de clore le sujet : « Écoute, maman. C'est bon. On reprendra cette discussion lorsque tu seras prête à le faire. »

Mère indigne doit se rendre à l'évidence. Elle n'est vraiment qu'une misérable lâche. Mais une misérable lâche remplie de soulagement.

*Fille aînée* — Maintenant, en ce qui concerne la vie sexuelle des orangs-outangs...

Hi. Hi... Hiiiiiii !

## Fille aînée, ou le côté obscur de la candeur
### (Une pas-fiction pas-cathartique)

Ça se passe dans la voiture, au retour d'une sortie de famille. Mère indigne est au volant et Père indigne s'efforce de subvenir aux besoins de la progéniture, ce qui implique parfois de répondre aux questions existentielles qui pourraient surgir – et qui, oh! surgissent!

*Fille aînée* — Je me demande de quoi j'aurai l'air en sixième année.

(Dans deux ans. Aussi bien dire dans deux siècles.)

*Père indigne, prenant son rôle de guide spirituel très au sérieux* — Dans deux ans, je suis certain que tu seras encore plus belle, plus intelligente et meilleure musicienne que maintenant.

*Fille aînée, dubitative* — Qu'est-ce qui te fait dire que je serai plus belle?

*Père indigne* — Je le sais, c'est tout.

*Mère indigne, montrant pourquoi il ne faut pas répondre à des questions existentielles quand on est au volant, où peut-être quand on est Mère indigne tout court* — Ben, minute. Imagine qu'on se fasse tous défigurer dans un accident de voiture. Fille aînée ne sera pas plus belle, ni en sixième année, ni après.

(Ah, là là, les amis! Le visage de Père indigne quand j'ai dit ça. Impayable. « Elle est folle. Et c'est ma femme. La mère de mes enfants. Nous sommes maudits jusqu'à la quinzième génération. » Juste pour ça, ça en valait la peine.)

*Fille aînée* — Hein??

*Père indigne, se tournant vers la folle qu'il a eu le malheur d'épouser* — Franchement, quelle idée de dire ça? Ce n'est vraiment pas très responsa-

*Fille aînée* — Non, je voulais dire «Hein, papa?» C'est vrai ce que maman a dit!

*Mère indigne, qui fait de plus en plus de trucs dangereux au volant* — Tope-là chérie!

Clap!

*Fille aînée, sur sa lancée* — En plus, si je me fais arracher le bras dans l'accident, je ne serai pas meilleure musicienne.

*Mère indigne* — That's ze spirit! (Clap!)

*Père indigne, excédé* — Et puis si tu te fais lobotomiser, tu ne seras pas plus intelligente, c'est ça?

*Fille aînée et Mère indigne* — C'est ça! T'as tout compris! (Clap!)

*Bébé* — B'avo Papaaaaa!

*Les filles* — Ahahahahahahah! (Clap! Clap!)

Bref, on s'est rendus à la maison sans se faire défigurer ni démembrer, et en ayant encore renforcé cette belle complicité mère-fille qu'il sera d'autant plus amusant de démolir à l'adolescence.

Quant à Père indigne, il s'est remis du camouflet infligé par le G.O. (gang des œstrogènes). Et vous, bande de baroudeurs au grand cœur, vous voilà aussi rassurés quant aux longues années remplies d'humour noir qui attendent cette soi-disant ingénue de Fille aînée.

À moins, bien sûr, que la planète pète dans six mois. Mais moi, j'dis ça, j'dis rien.

# Chapitre 4
## Grandeurs (et surtout misères) du corps humain

Au premier degré, on peut imaginer que la quête de Mère indigne, appuyée par Père indigne, se résumerait à bien élever ses deux filles. Or la surabondance de billets traitant d'érotisme et d'alcool trahit une Mère indigne beaucoup plus sombre qu'on pourrait, *a priori*, imaginer. Après analyse, la quête la plus plausible serait un retour à l'enfance. Voici un schéma actanciel qui résume grossièrement la diégèse des *Chroniques*.

Notez que la quête du retour en enfance est aussi corroborée par l'abondance de blagues d'un style communément appelé « pipi-caca-poil ».

> Éric Vignola, *Le destin d'une littérature :
> de L'Art poétique au zizi-pénis*, p. 664.

Heille, parlant de quête, saviez-vous que *quette*, en wallon, ça veut dire zizi? Hin, hin, hin!

> Mère indigne

## Atchoum n'est pas seulement un ami de Blanche-Neige

À la longue, on s'y fait. Et si, comme moi, on a un jeune enfant et qu'on n'est pas du genre à traîner des mouchoirs, on n'a pas le choix de s'y faire. Quel que soit le vêtement que l'on porte, il deviendra aussi, inévitablement, un essuie-morve.

Quand arrive le matin, je vous jure que je suis heureuse de dormir en vieux t-shirt plutôt qu'en pyjama de soie : les cochonneries que je me ramasse, je ne vous dis pas. Et je ne fais même pas exprès (en général) ! Au contraire, c'est Bébé qui, au détour d'un câlin, vient déposer une traîtresse traînée gluante juste à l'endroit où mon bras viendra se frotter dans les secondes qui suivront. À la une, à la deux, à la trois, à la douche !

Si ça reste sous contrôle (c'est-à-dire sur les chandails troués), ça peut toujours aller. Mais si l'habitude s'étend, ça devient un handicap. Je me suis changée trois fois l'autre jour avant d'aller à l'université. C'est à ce moment-là que j'ai compris que je ferais mieux d'aller porter Bébé à la garderie avant de mettre mes vêtements définitifs. (À ce sujet, comment elles font pour rester propres, les éducatrices à la garderie ? Elles utilisent des mouchoirs ? Ça alors ! Vous m'en direz tant !)

Tout ça pour vous dire que, l'autre jour, je pliais les chandails de Bébé quand je fus victime d'un éternuement magistral. Impossible de le retenir ou de retenir quoi que ce soit à sa suite. C'était le genre d'éternuement qui arrive une fois par année et qui, après coup, vous pend dangereusement au bout du nez. J'aurais voulu courir jusqu'à la boîte de mouchoirs que je n'aurais pas pu ; c'était dramatique à ce point.

Alors je me suis mouchée avec, coïncidence, un des t-shirts de Bébé.

Je l'ai lavé ensuite, rassurez-vous, mais tout de même : j'ai eu le fort sentiment d'avoir contribué au fragile équilibre de la vie.

## Atchoum est aussi un sale pervers

Prenons, si vous le voulez bien, quelques instants afin de nous écrier, tous ensemble, à l'instar de Dominique Michel: «Y'a des moments si merveilleux!» Car la vie nous réserve de si jolies surprises, surtout en compagnie de nos amis les enfants.

J'étais en train de préparer le souper. Rien de sanglant, rassurez-vous. Aucun légume n'était sacrifié sur l'autel de la soupe cathartique. Quelques olives venues expressément de la région de Kalamata, à l'est de Rimouski (ou à l'ouest, selon le point de vue), eurent bien la surprise de voir leur chair malmenée par un couteau à la lame acérée; la sauce aux tomates a de ces exigences auxquelles nulle mortelle ne peut surseoir, surtout quand elle manque d'ingrédients intéressants.

Bref, de la moitié supérieure de mon corps, je préparais le souper, alors que la moitié inférieure, elle, s'affairait à tenir Bébé occupée. Plus précisément, Bébé jouait à la souque à la corde avec ma jupe. Moi, je ne me serais pas laissée faire, mais ma jupe, elle, se laissait manipuler avec une complaisance hardie. La salope.

Inévitablement, vint le moment où Bébé découvrit que le dessous de ma jupe constituait une excellente cachette. Elle s'y engouffra avec un plaisir manifeste. C'est alors que ma fesse gauche envoya à mon cerveau un signal d'alerte: quelque chose de mouillé, et de probablement visqueux, venait de s'y frotter. Et un autre endroit de mon cerveau se mit de la partie pour me rappeler que, deux minutes plus tôt, je n'avais pas cru bon de moucher Bébé pour la millième fois, afin d'éviter de l'entendre hurler pour la neuf cent quatre-vingt-dix-neuvième fois.

Les plus aguerris d'entre vous ont déjà compris : je me retrouvais, pour la première fois de ma vie, dans la fâcheuse position d'avoir de la morve au cul.

La marche à suivre était claire. Je m'essuyai avec ma jupe, continuai à préparer le repas et espérai que je n'oublierais pas de prendre une douche avant de dormir.

Les enfants et nous. Y'a des moments si morveilleux.

# À la recherche de l'élégance perdue*

Moi, je dois vous dire franchement, en tant que parent, je ne crois plus tellement à l'élégance.

Songez aux deux gestes cruciaux qui définissent les êtres humains depuis des millénaires: s'habiller, se déshabiller. Il arrive qu'on essaie de le faire avec élégance, une tâche parfois ardue, mais somme toute agréable. Cependant, quand on a des enfants, on se rend compte que se vêtir et se dévêtir avec élégance peut devenir un combat contre les forces d'un mal sournois, j'ai nommé: le mal habillé.

Sans enfants, ah, sans enfants... Je songe à ma vingtaine, et je revois cette jeune femme butinant dans sa garde-robe, examinant chaque morceau d'un œil critique mais avec le cœur plein d'espoir, sortant d'un ensemble coordonné pour mieux entrer dans un autre, se changeant entre 10 et 150 fois afin d'être la plus belle pour aller danser...

Aujourd'hui, si je me change entre 10 et 150 fois, c'est parce qu'un bébé a régurgité sur mon chandail ou est venu se moucher dans ma jupe. Encore et encore. Et si je danse, c'est avant de sortir, et pour éviter les doigts pleins de confiture d'une fillette qui se découvre des envies de câlins post-tartine.

Sans enfants, ah, sans enfants! On collectionne des sous-vêtements sexy qui nous donnent l'air et les ailes d'un oiseau des Caraïbes. La beauté intérieure? On s'en moque. On n'a pas besoin de se sentir belle à l'intérieur, on rayonne suffisamment

---

\* Chronique radiophonique diffusée le 15 mars 2008 à l'émission *Nulle part ailleurs*, Radio-Canada, Sudbury.

dans notre micro soutien-gorge en dentelle rose qui arriverait à peine à soutenir notre abondante poitrine si celle-ci ne se soutenait pas déjà fièrement toute seule. Et dans notre string léopard, on a certes peur des courants d'air, mais on est prête à toute éventualité.

Après les enfants, hof, après les enfants... Notre beauté intérieure, mesdames, c'est tout ce qu'il nous reste. Nos sous-vêtements sexy? Nos enfants s'amusent avec. Quoi de mieux qu'un soutien-gorge en dentelle rose pour simuler le bonnet de nuit de poupée Cendrillon? De toute manière, après l'allaitement, on a pratiquement besoin d'un corset en acier galvanisé pour redonner un peu de oumph! à ces deux inconnus qui se sont lâchement rapprochés du centre de gravité terrestre sans nous demander notre avis. Quant à notre string léopard, ne dirait-on pas qu'il a été créé exprès pour remplacer les courroies défectueuses de la poussette de Barbie?

Sans les enfants... (soupir). Sans les enfants, notre amoureux nous trouve à croquer dans notre nouvelle robe à fleurs et nos escarpins chics. Paradoxalement, cette admiration provoque en lui l'envie de nous dévêtir sauvagement afin de nous interpréter la *Flûte enchantée* version 18 ans et plus. Ce à quoi nous acquiesçons, n'est-ce pas, mesdames? Tout ce qu'on risque, c'est que notre jolie robe à fleurs soit un peu froissée, mais ce sera amplement compensé par le rose délicieux qui nous montera aux joues.

Les enfants, bien, les enfants... Eux aussi, ils nous trouvent belle. Surtout les petites filles. Et les petites filles aussi veulent nous déshabiller. Pour nous piquer nos trucs! Pour parader dans la cuisine en faisant clic-clac, clic-clac avec nos escarpins que nous retrouverons plus tard remplis de confiture. Pour tournoyer dans notre belle robe à fleurs, si jolie, tout en profitant de l'occasion pour se moucher le trop-plein dans la manche.

Je sais de source sûre que certaines parmi nous ont eu l'audace de se rebeller. Que certaines mères, dont j'admire le courage, ont refusé de céder leurs habits de bal à leurs fillettes revendicatrices. Mais alors là, les petites, elles se mettent à pleurer, et maman les prend dans ses bras, et elles finissent quand même par se moucher dans sa manche, les vauriennes.

Je pourrais continuer comme ça indéfiniment. Sans enfants, on se remonte les cheveux dans un chignon négligé qui dénudera notre gracieux cou de gazelle. Avec les enfants, on s'attache les cheveux n'importe comment, soit pour ne pas se les faire arracher, soit pour ne pas laisser deviner qu'on n'a pas eu le temps de se coiffer pendant les quatre dernières années. Autant se le dire entre nous, ça ne fonctionne pas du tout : on a quand même toujours l'air de s'être pris la perruque dans le ventilateur.

Quant au parfum, vous avez autrefois utilisé ce précieux liquide afin que ses effluves enivrants attirent auprès de vous le meilleur géniteur possible pour la reproduction de l'espèce. Votre manœuvre ayant porté ses fruits, vous voilà maintenant réduite à vous en asperger afin de camoufler la petite odeur de lait caillé qui semble dorénavant vous suivre partout. Et là non plus, ça ne fonctionne pas.

Finalement, être mère, c'est comme vivre la vie de Cendrillon, mais au complet. Ils vécurent heureux, ils eurent beaucoup d'enfants, et Cendrillon se retrouva à faire le ménage en haillons comme dans le bon vieux temps. Allons, soyons modernes : le prince aussi.

Cela dit, nous serions bêtes de concéder la victoire sans nous battre. C'est pourquoi je m'apprête illico à aller me dénicher une jolie petite robe fleurie que je jure de porter l'été prochain pour aller danser, quitte à l'enfiler en cachette, sur le siège arrière de la voiture.

Pourvu qu'il n'y traîne pas une vieille tartine.

## Pitié pour papa

Ah, tiens! Vous êtes là! Contente de vous voir, et désolée de vous avoir fait attendre, j'étais en train de faire de la soupe.

Parce qu'aujourd'hui, dans le sac d'école de Fille aînée, j'ai trouvé un papier où il était écrit « J'aimerai c'ont n'a des enfant (dessin de cœur) Francis XXXx ». Alors, je fais de la soupe.

Et puis, de la soupe, ça n'est pas trop dur sur l'estomac. Et avec un épisode de gastro qui vient de se terminer, il faut faire dans la douceur. Parlez-en à Père indigne.

*Père indigne* — Moi, quand j'étais petit, ma maman me tenait le front avec sa main douce quand je vomissais. Ça me faisait beaucoup de bien.

*Mère indigne* — Oooooh. C'est trop mignon.

*Père indigne* — D'ailleurs, tout à l'heure, quand j'étais en train de vomir dehors, sous la pluie froide, tout seul comme un chien galeux, j'ai pensé à ma maman. Quand elle me tenait le front.

*Mère indigne* — Oooooh. T'as vomi tout à l'heure.

*Père indigne* — Oui.

*Mère indigne* — Sans la main de ta maman.

*Père indigne* — Ça m'a manqué, sous la pluie.

*Mère indigne* — Oooooh. Pôv' ti poussin.

*Père indigne* — C'est pour ça que, quand Fille aînée a été malade l'autre nuit, je lui ai tenu le front avec ma main.

*Mère indigne* — Ta main douce.

*Père indigne* — Oui.

*Mère indigne* — Oooooh.

*Père indigne, à Fille aînée* — Ça t'a fait du bien, hein, chérie, quand papa te tenait le front quand tu étais malade ?
*Mère indigne* — Tsé, avec sa main douce ?
*Fille aînée* — Heu, non, pas tellement.
*Père indigne* — Ça ne t'a pas fait de bien ?!?
*Fille aînée* — Non, pas vraiment.
*Père indigne, qui venait, aurait-on cru, de recevoir un dur coup dans les parties* — Mais... mais... Ma main sur ton front-
*Mère indigne* — *Douce* main.
*Père indigne* — Elle te dérangeait ?!?
*Fille aînée* — Ben, oui. Ben non. Chais plus. En tout cas, j'peux-tu aller écouter les petits bonhommes, là ?
*Mère indigne* — Oui.
*Père indigne* — Rhâââ, rhâââ, où est ma pompe pour l'asthme... ?

Pôv' Père indigne. Et le respect ? C'est devenu quoi, le respect ? Une marque de papier hygiénique ? Allez, plaignons-le, il le mérite, lui qui ne demande qu'à répandre la joie avec ses douces mains.

Et je suis bien placée pour le savoir.

## La prochaine fois,
## je vais même enlever les croûtes

Hier après-midi, à la garderie, j'ai entendu une éducatrice dire à une mère, texto : « Pouvez-vous, s'il vous plaît, changer la tétine du biberon de votre bébé ? C'est parce qu'à l'intérieur elle est toute visqueuse (l'éducatrice fait un geste de viscosité avec ses doigts) et elle commence à avoir de la moisissure. »

Horrible, non ?

Il faut dire, à la décharge de la maman, qu'elle avait, comme il se doit, l'air complètement effondrée. Elle est devenue toute rouge ; elle avait manifestement très, très chaud, et pas seulement à cause de son manteau d'hiver. Pour alléger l'atmosphère, elle a fait une blague stupide à l'éducatrice, du genre : « Tu vois bien, chérie, que la garderie ne veut pas que je te donne tes tétines sales que tu aimes tant, alors inutile d'insister, ah, ah, ah ! »

Puis la maman s'est dit... Vous savez ce qu'elle s'est dit, la maman ? Elle s'est dit : « Je n'ai pas le choix. Faut que je raconte ça dans mon tome 2. »

(Soupir.)

On se sent tellement compétent, dans ces occasions-là, je ne vous dis pas.

Déjà que lundi j'avais attendu l'autobus une demi-heure avec Fille aînée, et Père indigne avait même tenté de la reconduire à l'école (vide) avant qu'on intègre le fait que c'était une journée pédagogique.

On se sent tellement compétent, les amis, c'est à se demander pourquoi on n'en aurait pas un troisième.

# Haleine(s)

Un bon samedi matin, alors qu'elle avait trois ans, Fille aînée vint se blottir contre Père indigne et moi. Son visage penché vers le mien se plissa soudainement, puis elle déclara : « Maman, t'as mauvaise haleine. »

Père indigne tenta (mais à peine) d'étouffer un « Arf ! » joyeux et insultant. Mais je n'ai pas bronché. « C'est normal, le matin, chérie. Ton tour viendra. »

Pour échapper aux vapeurs fétides qui se dégageaient de la bouche de sa génitrice, Fille aînée se réfugia dans le coin de mon aisselle. Pour son plus grand malheur.

*Fille aînée* — Maman, t'as deux haleines !
*Père indigne, ouvertement* — Pouhahaha !

Je n'ai toujours pas bronché. Je ne sais pas si vous avez remarqué, mais nous, les mères, à un moment donné, on n'a presque plus d'égo.

C'est à cet instant que Père indigne a fait mine de soulever les draps et de regarder dans la direction de la bobette (la mienne) tout en haussant un sourcil inquisiteur.

*Père indigne* — Peut-être que maman a trois…
*Moi* — Non. Tais-toi. N'y pense même pas.

On n'a presque plus d'égo, mais il y a quand même des limites.

# C't'une fois deux-trois mères : obsession sécuritaire

**A**vertissement : Cette tranche de vie fait ressortir le caractère totalement révoltant que peuvent avoir certaines conversations entre mères. Les âmes sensibles et les personnes sans enfant devraient peut-être s'abstenir.

*Maman 1* — Avec des enfants, on n'est plus en sécurité nulle part, hein ?

*Future Maman* — Qu'est-ce que tu veux dire ?

*Maman 1* — Ben, admettons que je sois dans la douche.

*Future Maman* — Oui ?

*Maman 1* — Je ne peux jamais verrouiller la porte de la salle de bain.

*Maman 2* — Moi non plus!

*Future Maman* — Mais voyons, pourquoi?

*Maman 1* — Pourquoi?! Parce que sinon...

*Maman 2* — Sinon, c'est sûr que ta plus vieille va avoir une envie pressante...

*Maman 1* — De me montrer un dessin, genre.

*Maman 2* — Exact. Ou de t'annoncer de toute urgence qu'il manquait une cuillère dans son lunch...

*Maman 1* — Faisant ainsi en sorte que je doive sortir de la douche, ruisselante, pour aller déverrouiller la porte en pensant qu'elle a vraiment envie d'aller aux toilettes.

*Future Maman* — Les filles, vous me déprimez.

*Maman 2* — Honnêtement, ce n'est pas ça le pire.

*Future Maman* — C'est quoi ?

*Maman 2* — C'est qu'il ne faut pas non plus verrouiller la porte quand on est *vraiment* aux toilettes.

*Future Maman* — Nooon !

*Maman 2* — Sérieusement. C'est vraiment préférable de voir la porte s'ouvrir au milieu d'un pipi que de devoir terminer le travail avec une horde de sauvages qui campent derrière la porte et qui hurlent en essayant de la défoncer avec un marteau en caoutchouc.

*Maman 1* — Moi, sitôt que je m'assois sur les toilettes, c'est un vrai feu roulant de visites. Je suis sûre qu'ils ne viendront pas me voir avec autant de plaisir au centre d'accueil.

*Future Maman* — Les filles, vous me déprimez.

*Maman 1* — Ça me fait penser. Vous savez, quand les bébés font caca dans leur couche et que ça nous fait tellement rire parce qu'ils deviennent rouges comme une betterave ?

*Maman 2* — Ah, oui, c'est tellement rigolo !

*Maman 1* — Oui, mais est-ce que je vous ai raconté la fois où, à l'hôtel, il y avait un miroir juste à hauteur du visage et que j'ai remarqué que-

*Future Maman* — Nooon ! Arrête, je veux pas le savoir !

*Maman 2* — Les filles, faut que je vous dise. Les toilettes sont tellement devenues un endroit public à la maison que je ne suis plus capable de… enfin, vous voyez ce que je veux dire, je peux juste vraiment aller aux toilettes quand le reste de la famille est parti.

*Maman 1* — Moi, c'est pareil ! L'autre jour, les filles sont allées à l'épicerie avec leur père. Ça n'a pas pris deux minutes pour que mon corps comprenne qu'il était en sécurité. Zoum, aux toilettes !

*Maman 2* — En fait, moi, c'est pire. D'habitude, c'est à la maison qu'on se sent le plus à l'aise pour... enfin, vous voyez ce que je veux dire. Mais maintenant, c'est au bureau.

*Maman 1* — Moi aussi, en fait !

*Future Maman* — Nooon !

*Maman 2* — Oui. Vers neuf heures et demie, les toilettes sont vides. Les enfants sont à l'école, alors...

*Maman 1* — Oui, oui, c'est ça ! Alors le corps comprend qu'il est totalement en sécurité !... Vers neuf heures et demie, tu dis ?

*Maman 2* — Oui.

*Maman 1* — Moi aussi ! Tu penseras à moi.

*Maman 2* — Sûrement pas. Ça risque de me bloquer.

*Future Maman* — Les filles, vous me déprimez.

## Il n'y a pas de hasard

Oh, que non.

Pas de hasard et, en plus, la vie est tellement bien faite.

Voici ce que me relatait Fille aînée dans la voiture, ce matin même : « Mon amie Josie, elle s'est déjà fait mal avec un cactus. Quand elle avait trois ans, elle descendait l'escalier en petites culottes (N.D.M.I. : Josie était en petites culottes, pas l'escalier), et là elle a glissé sur une marche, et elle a déboulé. Mais, en bas, y'avait un cactus. Alors elle est tombée le derrière sur le cactus. En sortant des toilettes, sa mère a appelé le 911. Josie a été à l'hôpital et, après, elle a pleuré toute la nuit. »

J'ai fait répéter Fille aînée, qui m'a confirmé que, pendant que Josie faisait intimement connaissance avec un cactus, sa mère était aux toilettes.

Mes lecteurs sont assez intelligents pour tirer eux-mêmes la morale de cette histoire, mais je vais l'écrire quand même tellement ça me met de bonne humeur : les parents qui vont tout seuls aux toilettes, eh bien leurs pauvres enfants, ils se retrouvent avec des épines de cactus dans le derrière.

C'est pas du C.Q.F.D.[*], ça ?

Ah, c'est quand même agréable de se sentir en phase avec l'univers.

---

[*] Ce qu'il fallait démontrer, pour les non-matheux.

## La taille de Jean-Louis

C'est l'été, n'est-ce pas les filles? Et l'été, vous le savez toutes comme moi, c'est le temps des récoltes. On sème ici et là, on arrose fréquemment, on patiente un peu, et hop! Tout à coup, y'a Jean-Louis XXX qui se ramène en maillot au bord de notre piscine. (Au bord de la mienne, en tout cas.)

C'est beau, la nature.

Mais c'est aussi bizarre: Jean-Louis est arrivé pile-poil hier midi, alors que les deux filles étaient prises en charge par le système d'éducation et que Père indigne, par un hasard incroyable, était parti à L.A. contempler des femmes avec des seins.

Aussi bien vous le dire crûment, j'étais seule à la maison. Vulnérable? Très.

J'ai immédiatement voulu mettre mon invité à l'aise en lui retirant tous ses vêtements (sauf le maillot, auquel il avait pris soin de verrouiller un gros cadenas Master à la taille – semble-t-il que c'est la mode; enfin, c'est ce qu'il m'a dit). Puis, je suis partie me changer.

Dilemme. Allais-je, en guise de maillot, porter mon slip de maternité qui avait tant remué Jean-Louis le 31 décembre dernier? Combiné avec un soutif d'allaitement rembourré, j'aurais une allure d'enfer. Mais je risquais de le rendre totalement fou de désir et de le voir s'enfuir, sans nul doute par loyauté pour Père indigne. Non, si je voulais garder Jean-Louis pour l'après-midi, il me fallait être plus subtile. Aussi, j'ai simplement enfilé mon petit itsi bitsi mini weeny tout petit petit bikini.

En arrivant dans la cour, j'ai senti le regard de Jean-Louis glisser sur moi comme sur une peau de banane bien mûre. Plus bas, encore plus bas... oh, oui, plus bas! Oups, trop bas. Les sourcils de Jean-Louis froncèrent comme une robe de collégienne. Mais contrairement aux robes des collégiennes, la figure de Jean-Louis s'allongea.

*Jean-Louis* — Heu, tu ne crois pas que c'est un peu...
*Mère indigne* — Un peu...?
*Jean-Louis* — Ben, un peu... long, par là?
*Mère indigne* — Long? Tu crois?
*Jean-Louis* — En fait, je dirais même... touffu.
*Mère indigne* — À ce point?
*Jean-Louis* — Honnêtement, on sent la négligence.
*Mère indigne* — Ben, c'est parce que Père indigne est parti pour la semaine et je ne pensais pas que quelqu'un aurait l'occasion de voir...
*Jean-Louis* — Faudrait être aveugle.
*Mère indigne, quelque peu offusquée, d'autant que Jean-Louis n'a pas apporté de vin* — N'exagérons rien. Tous les goûts sont dans la nature, et ça, personne ne pourra me dire que ça n'est pas naturel! En fait, je trouve que ça fait plutôt exotique: jungle, moiteur, cris aigus d'oiseaux en mal d'amour, animaux sauvages en pleine chasse... Ça ne t'inspire pas?
*Jean-Louis* — Pour dire la vérité, je préfère un terrain de jeux bien dégagé.
*Mère indigne* — Holà! Mais c'est que ça prend du temps à entretenir, et c'est toujours à refaire! Et puis, Père indigne est assez indifférent sur la question. Quand l'envie me prend, il me donne rarement un coup de main... et pis, toute seule, c'est moins motivant.

Dans l'œil de Jean-Louis, une lueur soudaine d'intérêt.

*Jean-Louis* — Père indigne ne t'aide pas ? Il...

*Mère indigne* — Ben, parfois, il me regarde, mais j'ai l'impression que ça ne le branche pas vraiment.

Jean-Louis s'était mis à tripoter fébrilement son Master.

*Jean-Louis* — Heu, écoute, si tu veux, je pourrais... en toute amitié... pour t'aider... si t'es d'accord...

*Mère indigne* — Ooooh... Tu ferais ça ??

*Jean-Louis* — Ben... à vrai dire... je... c'est mon fantasme secret.

Sincèrement, les filles, qu'est-ce que je pouvais faire ? Appelez-moi la Mozer Térésa des fantasmes, parce que je me suis étendue dans la chaise longue, j'ai respiré un grand coup, et là, dans la cour arrière de mon bungalow lavallois, j'ai laissé Jean-Louis tondre la pelouse.

# Chapitre 5
## Les copines... et les copains

Si le tome I des *Chroniques* pouvait passer pour le parcours initiatique d'une jeune mère découvrant le monde tel qu'il était, où les couches et les «cocos» constituaient les désillusions les plus flagrantes, cela change radicalement dans le tome II. Ici, c'est à une Mère indigne littéralement héroïque qu'on a affaire. Aucune hésitation, aucun compromis. De Candide, on arrive à Luke Skywalker. Ce n'est plus la maternité qui la pousse à l'indignité, c'est son indignité qui redéfinit la maternité. Cela n'augure pas nécessairement bien pour l'avenir de notre civilisation.

Éric Vignola, *Mère indigne ou la procrastination littéraire*, p. 6.

Je me trompe, ou ce monsieur est en train de traiter Papi indigne de Darth Vader ?

Mère indigne

## C't une fois deux mères, authentique et non censuré

*Mère indigne* — Bébé commence à parler vraiment beaucoup.

*Copine* — Super! Elle dit quoi?

*Mère indigne* — Ballon.

*Bébé* — Bayon!

*Copine* — Bravo, Bébé, c'est génial!

*Bébé* — Nal!

*Mère indigne* — Mais on a un petit problème, ces jours-ci.

*Copine* — Ah, bon?

*Mère indigne* — Bébé a été passer deux jours chez Mamie, et chez Mamie ils ne lui ont pas dit «ballon».

*Copine* — Ils ont dit quoi?

*Mère indigne, tout bas* — Balloune.

*Copine* — Et alors?

*Mère indigne, qui chuchote toujours* — C'est parce que Bébé ne dit pas «bayoune», elle dit...

*Fille aînée, à la fille de Copine* — Ah ouais! Écoute, écoute! Bébé, as-tu vu la belle balloune?

*Bébé* — Manoune?

*Fille aînée et fille de Copine* — Hiiiiiiiiiiiiiiiiiiiiii!

*Bébé* — Manoune! Manoune!

*Copine* — Ah, d'accord, je vois. Ben, c'est rigolo...

*Bébé* — Manounemanounemanounemanounemanounemanounema-

*Mère indigne* — C'est parce qu'une fois partie...

*Bébé* — nounemanounemanounemanounemanounema-
*Fille aînée et fille de Copine, hystériques* — Hiiiiiiiiiiiiiiiiii!
*Mère indigne* — Elle n'est pas arrêtable.
*Bébé* — noune?
*Copine* — Bah, c'est pas trop grave. Tant qu'on est entre nous.
*Mère indigne* — Justement! De quoi tu penses qu'on a l'air, à l'épicerie?
*Copine* — À l'épi-?
*Fille aînée, à la fille de Copine* — Ah ouais! Écoute, écoute! Bébé, aimes-tu ça les belles décorations de Saint-Valentin à l'épicerie? Les beaux cœurs en baaaa... LOUNE!
*Bébé* — Maaaa... NOUNE! MANOUNE! Manounemanounemanounemanounema-
*Fille aînée et fille de Copine, hystériques* — Hiiiiiiiiiiiiiiiiii!
*Copine* — Oh, boy. Tiens, ton mari arrive, il va sûrement sauver la situation.
*Fille aînée, à la fille de Copine* — Ah ouais! Écoute, écoute! Bébé, il est où, papa? Hein, il est où, papa?
*Bébé* — Ichi! Ichi!
*Fille aînée et fille de Copine, se roulant par terre* — Hiiiiiiii iiiiiiiiiiiiiiiiiiiiiiiiiiiiiiiiiiii!
*Copine* — Oh. My. God.
*Mère indigne* — Tu veux pas être à ma place.
*Copine* — J'avoue.

## C't'encore une fois deux mères : qu'est-ce qu'on s'éclate

Deux femmes dans un bureau, qui doivent travailler. De gros cernes marquent la figure de la première ; la seconde porte un veston agrémenté de taches suspectes. Ah, tiens, des taches sur le chemisier de la première aussi, finalement. Et la deuxième est également cernée ! Nous avons bien affaire à deux mères.

— Je suis au bord de la crise de nerfs.
— Toi aussi ? Pourquoi ?
— Fiston a dix mois, et c'est un vrai maniaque du sein.
— Les hommes !
— Ces temps-ci, c'est épouvantable. Il halète comme une bête à mon moindre décolleté. Qu'il ait soif ou non.
— Hm. En autant qu'il dorme la nuit.
— Tu veux rire ! La nuit, il veut boire – ou plutôt téter – aux deux heures ! J'hallucine com-plè-te-ment.
— C'est vraiment le sein qu'il veut, pas la suce ?
— Un boule-O-maniaque avéré.
— Je dis ça comme ça, mais... as-tu déjà pensé à coucher une poupée gonflable avec lui dans son lit ? Comme ça, tu sais, s'il se réveille...
— Arf ! Non mais, tu imagines les manchettes : « C'est ma mère qui m'a offert ma première poupée gonflable. »
— Sérieusement, on ne sait jamais ! Ça pourrait marcher. Le pire qui puisse arriver, c'est que tu entendes un gros PAF ! en plein milieu de la nuit.

Hululements de rires de la part des deux mères. C'est maintenant confirmé : elles survivront à cette journée.

⌣

Un peu plus tard :
*Mère indigne* — Alors là, je lui ai dit : « Le pire qui puisse arriver, c'est que tu entendes un gros PAF! en plein milieu de la nuit. » On a tellement ri !
*Père indigne* — Hum. Fallait être là.
*Mère indigne* — Comment ça, fallait être là ? J'étais sûre que c'était super drôle en soi.
*Père indigne* — C'est parce que tu ridiculises quand même un icone masculin.
*Mère indigne* — Un ic- de quoi tu parles ?
*Père indigne* — Les poupées gonflables.
*Mère indigne* — Ah, ouais. D'accord. Je l'f'rai plus.
*Père indigne* — Euh, je blaguais.
*Mère indigne* — Moui, bien sûr.

# Hiiiiiiiiiiiiiii, suite (et fin?)

Je partage maintenant mon bureau avec une fille extrêmement sympathique qui rentre de congé de maternité. Elle vient tout juste de décrocher un poste de prof en sexologie.

Vous imaginez mon enchantement.

*Moi* — C'est quand même fou, faire un doc en histoire de l'art et te retrouver prof en sexo.

*Collègue* — Prof en sexo ou pas, va falloir que je me tire du lait bientôt, ça va déborder. Je vais juste finir mon maudit paragraphe...

*Moi* — Sur quoi tu travailles?

*Collègue* — Un article sur la représentation intime du corps et la vision du photographe dans les œuvres érotiques virtuelles.

*Moi* — Bref, le cul sur Internet.

*Collègue* — Ben là!

*Moi* — Le cul sur Internet! Le cul sur Internet! Ben non, c't'une blague. Sur quelle image tu travailles?

*Collègue* — Sur celle-là.

Je me retrouve alors nez à nez avec une photo en gros plan de deux parties intimes qui font connaissance de manière extrêmement amicale.

*Moi* — Hiiiiiiiiiiiiiiiiiii! Wow! Excuse-moi, ahahahahahah! C'est juste que ça fait changement de mes lectures habituelles... Wouhou! Hum.

*Collègue* — J'ai fait mon entrevue d'embauche sur cette image-là. Personne n'a ri.

*Moi* — J'imagine que si tu es en sexo et que tu ris hystériquement devant de la porno, tu passes pour un plouc.

*Collègue* — Pas mal, oui. (Puis, se laissant gagner par son sujet.) Tu vois, ce qui est intéressant avec cette photo, c'est que la fille se regarde elle-même sur son écran d'ordi. Elle ne regarde pas le gars, ni la caméra, elle se regarde.

*Moi* — Ah, ben oui. Ben oui, r'garde donc ça. Elle se regarde.

Silence.

*Moi* — Hum, est-ce que ça te dérange si, euh, je prends une photo de ton image avec ma webcam et que je l'envoie à Père indigne ? Juste pour rigoler ?

*Collègue* — Hum. Non, non, vas-y.

Flash de la webcam : Whooosh !

*Moi* — « Chéri, voici sur quoi travaille ma collègue de bureau. Dans le coin droit, en bas, tu peux entrevoir mon oreille. » Hin, hin, hin. Merci.

*Collègue* — ... De rien.

Silence.

*Moi* — Ah ! Tiens, Père indigne a répondu ! « Tu peux apporter le livre à la maison ce soir ? Je voudrais vérifier quelques petits détails. » Ahahahahahah ! Les hommes.

Silence.

*Moi* — Est-ce que tu travailles juste sur cette image-là ? Je veux dire, c'est beau d'écrire un article, mais juste sur une image ?

*Collègue, perspicace* — Tu vas encore déconner si je t'en montre une autre.

*Moi* — Mais non ! C'était juste le choc initial. Écoute, je travaille sur l'analyse du rapport Gomery, ces temps-ci... Laisse-moi une chance de m'acclimater.

*Collègue* — Bon, OK, je travaille aussi sur celle-ci. Note qu'ici...

*Moi* — Hiiiiiiiiiiiiiiiiiiii! OH MY GOD! (Whooosh!) Père indigne va halluciner!

Gros soupir de la part de la collègue de bureau.

*Collègue* — Bon, c'est pas tout, ça. Il faut que je me tire du lait.

*Moi* — J'comprends! Faut quasiment que je m'en tire moi aussi, pis ça fait un an que j'allaite plus!

*Collègue* — Arrête donc!

Elle sort alors son tire-lait automatique et entreprend de se déboutonner le chemisier. Whooosh!

— Hiiiiiiiiiiii!

— Argh! T'es conne!

J'aime beaucoup, beaucoup ma nouvelle collègue de bureau. Reste juste à savoir combien de jours elle va m'endurer avant de me mettre dehors.

# Milieux humides

L'autre soir, Père indigne et moi avons eu un de ces petits moments de négociation-éclair qui jalonnent la vie des parents.

*Père indigne* — Je vais donner le bain à la petite?

*Mère indigne* — Je peux lui donner, si tu veux.

*Père indigne* — Non, non. Je vais le faire. Tu sais bien que, dans cette maison, c'est moi le spécialiste des milieux humides.

Sur quoi, on a bien rigolé. Mais ça m'a aussi rappelé le fait qu'avant que je retourne au travail (enfin, aux études, mais à 35 ans, on se sent mieux si on dit «au travail»), la question du «qui donne le bain à Bébé» ne se posait même pas. Après toute une journée passée à faire des gagagougous, pas de négo possible. Laissez-moi vous dire que, quand Père indigne rentrait à la maison, il était en charge du bain. Moi, j'étais en charge de me faire un gin tonic, et plus vite que ça.

Tout ça pour vous dire qu'après mes angoisses de septembre (et octobre, et novembre) à l'idée de laisser Bébé en garderie, je suis maintenant totalement enchantée d'être de retour au travail.

Premièrement, de retour au travail (j'aime vraiment ça dire «au travail»), on se maquille pour autre chose qu'aller acheter une pinte de lait au dépanneur. Bon, en réalité, même quand je restais seule à la maison avec Bébé, je me maquillais quand même; beaucoup plus facile de se mettre un peu de fond de teint et de rouge à lèvres que d'essayer de plonger avec un bébé dans les bras pour éviter les miroirs. Ah, et puisque vous voulez vraiment tout savoir, je me suis même maquillée à l'hôpital, avant la visite des amis. « Oh, comme tu as l'air en forme ! » est une véritable musique pour les oreilles d'une femme résolument moderne qui vient de passer huit heures à gémir de douleur. Outlash de CoverGirl, ça ne sauve peut-être pas des vies, mais ça peut sérieusement vous abréger un post-partum.

Mais bon, se maquiller pour aller travailler, ça donne quand même un peu plus de sens à notre petit rituel, n'est-ce pas ? Et s'habiller, aussi. Vous savez, mettre des vêtements dont vous avez la garantie presque absolue qu'on ne régurgitera pas dessus pendant au moins six heures ? Ça donne le goût de vous écrier, devant tous vos collègues : « Voici un col roulé que j'ai acheté 20 $ en solde, 70 % coton, 22 % viscose, 8 % lycra et absolument 0 % vomi ! (ou alors si peu) ». Amenez-en, des petits plaisirs simples de la vie ! Quand on redécouvre l'existence d'un monde extérieur, on est capable d'en prendre !

Et on redevient aussi capable d'en donner. Car, honnêtement, que répond la mère au foyer à la question, posée de bonne foi par un époux tendre et intéressé, « Qu'as-tu fait de beau aujourd'hui ? » « Euh, laisse-moi réfléchir... Oups, j'ai un trou de mémoire ? Non, c'est juste qu'il ne s'est rien passé. Enfin, euh, j'ai changé sept couches et j'ai aussi... agagagougou-doudou-ahrrrrreuh... Oh, pardon, chéri, je commence à oublier mon français. » Retourner au travail, c'est revenir avec, au minimum, le récit d'une journée ordinaire et, au mieux, avec des potins bien juteux. La conversation, la vraie, peut enfin regagner ses lettres de noblesse.

Mais le plus incroyable, ce sont les 5 à 7. Surtout quand ils sont organisés par des étudiants (je veux dire des collègues de travail) dont on peut être absolument certaine qu'ils ne nous poseront aucune question sur nos enfants à moins d'avoir vraiment, mais vraiment beaucoup trop bu – jusqu'à présent, je n'en ai jamais rencontré qui soient arrivés à ce stade de dégénérescence ultime.

Justement, j'avais un 5 à 7 vendredi dernier. Sérieusement, je crois que j'étais même plus heureuse que Fille aînée quand elle a reçu une carte d'invitation avec Arthur et les minimoys dessus pour l'anniversaire d'une copine de classe. J'étais même un peu déçue de ne pas être obligée de demander la permission à ma mère pour y aller, juste pour le plaisir d'annoncer au plus de gens possible que j'étais invitée à un 5 à 7.

Duquel je suis rentrée à 1 heure du mat'.

*Père indigne* — Puis, comment c'était ton 5 à 7 ?

*Mère indigne* — Génial. On devait être huit, mais finalement on était trois.

*Père indigne* — Trois ? Et les deux autres étaient…

*Mère indigne* — Ah, euh, deux gars de 27 ou 28 ans. Tu n'as absolument pas à t'inquiéter, chéri. Ils étaient juste charmants, drôles et intelligents. Très charmants, en fait.

*Père indigne* — Effectivement, rien d'inquiétant là-dedans. Et vous avez parlé de…

*Mère indigne* — Euh, de la vie, de philo. Genre, les théories de la démocratie, style ?

*Père indigne* — Vous n'avez pas parlé de sexe ?

*Mère indigne* — Si peu, si peu. (Flashes dans la tête de Mère indigne d'une conversation totalement outrageante sur les 10 meilleurs films porno de tous les temps tels que recensés par un magazine quelconque.) Presque pas, en fait.

*Père indigne* — Je ne suis vraiment pas du tout inquiet.

*Mère indigne* — Tu as raison de ne pas l'être, chéri. Après tout, tu possèdes certainement une expertise beaucoup plus vaste qu'eux en ce qui concerne l'entretien et la sauvegarde des milieux humides.

Qu'est-ce que je vous disais! Quand on retourne au travail, on a aussi des conversations beaucoup plus intéressantes avec notre mari, le soir, à la maison...

## L'avis des bêtes

Ah, là là, les filles. Faut que je vous raconte.

J'ai été au restaurant avec un homme hier soir. Pas avec Père indigne, non. Avec une de ces créatures étranges et fascinantes qui forment la race des « ex ». Afin de rester dans le ton, ce qui est l'une de mes préoccupations principales en tant qu'écrivaine sérieuse, j'ai décidé que nous appellerions cet ex, Ex indigne.

En femmes accomplies et expérimentées que vous êtes, les poulettes, vous savez que ce genre de relation est parfois un peu difficile à gérer. Surtout quand, vous rappelez-vous vaguement, vous avez peut-être certains torts assez gratinés à vous reprocher. Personnellement, j'ai trouvé une recette infaillible pour entretenir des relations harmonieuses avec mes ex, en tout cas avec Ex indigne : couper complètement les ponts pendant 12 ans. Ensuite, quand on recommence à se parler, non seulement on ne se souvient plus exactement de qui a fait quoi de mal, mais on s'en fiche complètement.

Et après 12 ans, ce qui est chouette, c'est que, quand on ne veut pas parler des méchants fantômes du passé, on parle des enfants qu'on a faits entretemps.

*Mère indigne* — L'autre jour, je pense que j'ai été un peu bête avec Fille aînée.

*Ex indigne* — Toi, bête ? Voyons, c'est impossible ! (N.D.M.I. Voyez ce que ça fait, 12 ans de silence ? L'harmonie. Génial.)

*Mère indigne* — Non, je te jure. Même Père indigne était un peu furieux. Fille aînée est venue me voir pour m'annoncer en grandes pompes qu'elle avait réussi à faire fonctionner le DVD. J'ai dit «Bravo, chérie, c'est très bien»...

*Ex indigne* — Et...?

*Mère indigne* — Figure-toi qu'elle m'a regardé d'un air un peu méprisant et qu'elle m'a dit: «Ben là. J'aurais cru que tu aurais été un peu plus... enthousiaste.» Ça, moi, ça me fatigue. Les enfants, aujourd'hui, on s'extasie au moindre truc, et ensuite ils en veulent toujours plus. «Maman, maman, j'ai pensé à fermer la lumière de ma chambre!» «Oh, mais c'est super, chérie, on va organiser une belle fête en ton honneur!» Pu capable. Alors j'ai répondu à Fille aînée, un peu sèchement, «Quoi? Est-ce qu'il faudrait que je me roule par terre en plus? Que je te fasse un gâteau?» Père indigne a trouvé ça bête.

*Ex indigne* — Hm. J'avoue. Et personnellement je la trouve quand même bonne d'avoir réussi à faire fonctionner un DVD. L'autre jour, au chalet, je n'y suis jamais arrivé. Trop de fils derrière la télé, trop de boutons sur la télécommande...

*Mère indigne* — T'as raison! C'est comme à la maison! Comment ça se fait qu'en 2008 il ne faut pas simplement brancher un fil dans un trou pour faire marcher un DVD? Ça me rend folle chaque fois. Pour faire fonctionner le DVD chez nous, il faut commencer par allumer le lecteur VHS, mais pas juste l'allumer. Il faut mettre une cassette dedans, appuyer sur Play et ensuite sur Stop. C'est juste s'il ne faut pas dire abracadabra. C'est hyper-complexe, je n'y arrive pas la moitié du temps.

*Ex indigne* — ...

*Mère indigne* — (Cligne, cligne.) Merde. Fille aînée. J'aurais peut-être effectivement dû faire preuve de plus d'enthousiasme...

*Ex indigne* — Hm.

*Mère indigne* — ... Mais elle va s'en remettre.

*Ex indigne* — Hm.

*Mère indigne* — En fait, elle s'en est déjà remise. Comme je trouvais que j'y étais quand même allée un peu fort, j'ai fait amende honorable. Je l'ai amenée au Dairy Queen.

*Ex indigne* — Ah, ça, ce n'est pas bête... Tiens, changement de sujet, tu as lu la chronique de Josée Blanchette dans *Le Devoir*? Celle qui parlait des ex?

(Ex indigne est un grand fan de Joblo. Depuis des années. Un fan noble, d'ailleurs, qui, comme pour le *Playboy*, ne lit pas Josée pour ses propos occasionnels sur le sexe, mais pour sa profonde spiritualité. J'étais jalouse, dans le temps.)

*Mère indigne* — Oui, oui, je l'ai lue... Rassure-moi, on ne va pas parler des méchants fantômes du passé, là ?

*Ex indigne* — Ça va, ça va, je respecte ton déni. En tout cas, tu sais que je ne lis pas Josée Blanchette pour ses propos occasionnels sur le sexe, je préfère son profond côté spirituel...

*Mère indigne* — Moui, bien sûr.

*Ex indigne* — ... mais, l'autre jour, elle parlait des ex qui veulent encore coucher avec leur ex.

*Mère indigne* — Oh! Seigneur. Moi, ça, ça me DÉGOÛTE.

*Ex indigne* — ...

*Mère indigne* — Ça ne m'est jamais arrivé et, je peux te le dire, ça ne m'arrivera JAMAIS.

*Ex indigne* — ...

*Mère indigne* — Sérieusement. Quelle HORREUR.

*Ex indigne* — ...

*Mère indigne* — (Cligne, cligne.) Oh. Je... J'ai pas réalisé... J'ai encore été bête, là, hein ?

*Ex indigne* — ...

*Mère indigne* — On va au Dairy Queen ?

## La voie lactée

L'autre jour, chers lecteurs, je me suis réveillée en songeant à quel point je vous aimais. À un tel point que je me suis dit que la moindre des choses serait de vous écrire un magnifique billet avec plein de mots réfléchis et d'introspection, de longues descriptions de steppes sauvages, le tout entrelacé de pensées profondes qui contribueraient à vous emporter au-dessus des contingences de la vie, dans les nuages de la poésie.

Mais ça n'a pas marché.

Alors, à la place, j'ai écouté les ordres d'Éditeur indigne : « Si tu veux un tome 2, la mère, va falloir y mettre plus de sexe. » Alors voilà. Le texte que vous lirez maintenant, c'est de sa faute à lui.

*Future Maman* — Faut que je te dise. J'ai un peu d'appréhension à propos de l'allaitement.

*Mère indigne* — Le dilemme classique, allaiter deux jours ou bien deux ans ? Dans mon cas, c'est Bébé qui a décidé. À 4 mois, elle a fait une grève de la faim, refusé le mamelon tendrement offert pendant je ne sais plus combien de boires, et ensuite elle a avalé trois fois huit onces de suite dans un biberon. Pire que moi avec le gin tonic.

*Future Maman* — Tu as dû te sentir trahie ?

*Mère indigne* — J'ai pleuré pendant deux jours. Surtout que le lait accumulé, ça vous bétonne une poitrine. J'ai eu l'impression de porter deux gongs dans le soutif pendant une semaine. Mais ensuite je suis allée au cinéma onze soirs de suite… L'extase.

*Future Maman* — T'aurais peut-être pu insister un peu plus pour qu'elle boive au sein ?

*Mère indigne, songeant au caractère de Bébé* — Insister ? Avec Bébé ??? Des plans pour me faire transformer en Amazone sans anesthésie. Non merci. Puis honnêtement, point de vue sexuel, c'était aussi préférable. Allaiter, ça dégoûte.

*Future Maman* — Ça dégoûte les hommes ?

*Mère indigne* — Non, non. Ça dégoûte tout court. Tu sais, t'es en pleine action et PAF !, la machine s'emballe. Cléopâtre aimait peut-être le lait en bains, mais en douche, Père indigne a trouvé ça moyen. « Humide, trop humide », comme dirait Nietzsche.

*Future Maman* — Seigneur. On a peut-être commis une erreur, là, Futur Papa et moi… Avez-vous trouvé une solution, au moins ?

*Mère indigne* — Oui, mais ça crée un léger paradoxe. On conserve le soutien-gorge dans l'intimité, et hop ! on s'expose devant tout le monde pour allaiter.

*Future Maman* — Justement ! C'est ça qui me dérange avec l'allaitement. Devoir le faire en public. Tu sais, moi, montrer ma poitrine à tout le monde…

*Mère indigne* — Mais ce ne sera plus une poitrine sexuelle, chérie ! Sortir un mamelon du soutien-gorge ou sortir un Tupperware du frigo, même combat. D'ailleurs, ça peut même être pratique. Une fois, je n'avais pas de lait pour mon café. Pfuit, pfuit, deux jets, et hop ! Cafe con leche, mama style.

*Future Maman* — Ah, pouache. Une chance que personne ne t'a vue.

*Mère indigne* — J'étais à la cafétéria de l'université.

*Future Maman* — Arrête!

*Mère indigne* — Ils ont appelé la sécurité.

*Future Maman* — Non!

*Mère indigne* — T'inquiète. Je les ai tenus en respect avec mes deux mamelons agressivement pointés vers eux, prêts à l'attaque. Ça t'immobilise un homme, une mitraillette à lait.

*Future Maman* — Tu me niaises!

*Mère indigne* — Ben oui. Mais, sérieusement, je connais quelqu'un qui n'avait vraiment plus de lait pour le café de ses invités. Elle allaitait, alors elle s'en est tiré un petit pot en cachette et elle l'a apporté au centre de la table.

*Future Maman* — ...

*Mère indigne* — Éthiquement discutable, j'en conviens...

*Future Maman* — ...

*Mère indigne* — ... mais, entre toi et moi, on boit bien du lait de vache...

*Future Maman* — ...

*Mère indigne* — ... et les invités n'y ont vu que du feu.

*Future Maman* — Je pense qu'on va changer de sujet.

*Mère indigne* — On fait comme tu veux, ma belle. Mais, une fois mère, tu vas voir. Tu vas devenir COMME NOUS AUTRES[MD].

*Future Maman* — (Soupir.) Dis donc, je voulais te demander. C'est vrai qu'enceinte on fait parfois des rêves bizarres?

*Mère indigne* — Comme rêver que tu portes un extraterrestre au lieu d'un fœtus, qui jaillit de ton ventre comme dans *Alien*?

*Future Maman* — Nnnnon. Plus comme rêver de, comment dire, prodiguer certaines faveurs à Nicolas Sarkozy dans la Maison-Blanche.

*Mère indigne* — Mon Dieu. J'espère que ça n'est pas prémonitoire.

*Future Maman* — Ben voyons! Je n'aurai jamais l'occasion de rencontrer Nicolas Sarkozy.

*Mère indigne* — Ça ne veut pas dire que ton bébé ne ressemblera pas à Nicolas Sarkozy.

*Future Maman* — Arrête, j'attends une fille.

*Mère indigne* — Mes sympathies.

*Future Maman* — Sérieusement, j'étais vraiment embêtée. Je me demandais vaguement où était Carla.

*Mère indigne* — Elle devait être avec W. Ou bien avec Futur Papa.

*Future Maman* — C'est ce qu'il pense lui aussi. Et puis, dans mon rêve, je me disais qu'il y avait sûrement plein de caméras cachées dans la Maison-Blanche, et puis que nos cabrioles se retrouveraient sur YouTube.

*Mère indigne* — Et là? T'as arrêté?

*Future Maman* — Ben… non. Je me suis dit que j'écrirais un livre sur mon expérience et que je deviendrais riche.

*Mère indigne* — … Tsé, euh, allaiter en public?

*Future Maman* — Oui?

*Mère indigne* — Je pense honnêtement que ça ne sera pas un problème pour toi.

## Changement de paradigme*

Moi, je dois vous dire franchement, en tant que parent, je suis éblouie. Éblouie de voir à quel point avoir des enfants change notre vision du monde.

C'est vrai, tout le monde le sait, quand on a un enfant, on recommence à voir les bourgeons qui fleurissent au printemps (en même temps que les crottes de chiens qui émergent au parc et qui fascinent nos tout-petits) et on apprécie davantage le moment présent (surtout quand les enfants sont au lit). Puis prendre un enfant par la main, comme disait Yves Duteil, c'est tellement émouvant... Remarquez, on pourrait aussi changer les paroles pour :

*Prendre un enfant par le bras*
*Pour le sortir du IGA*
*S'il pète une crise devant le rack à bonbons*
*Et qu'il prend ses parents pour des cons*

... mais bon, on y reviendra sûrement dans une autre chronique.

Tout ça pour dire que les enfants, ça nous transforme d'une manière qu'on n'avait pas prévue. Par exemple, je ne sais pas pour vous, mais maintenant, quand je porte des souliers à lacets, je fais toujours des doubles nœuds, sinon, je me sens moins en sécurité. Et quand je vois certaines personnes se promener dehors à -10° C sans leur tuque, je me demande quel genre de parents ils ont pour les laisser sortir comme ça de la

---

\* Chronique radiophonique diffusée en avril 2008 à l'émission *Nulle part ailleurs*, Radio-Canada, Sudbury.

maison le matin. D'ailleurs, je profite de l'occasion qui m'est donnée pour dire à mes collègues de travail que c'est moi qui ai cousu leurs gants à leurs manches de manteau. Ils ne m'ont jamais remerciée, mais je sais qu'ils savent que c'était pour leur bien.

Aussi, depuis que j'ai des enfants, je ne pourrais pas être serveuse au restaurant. Les clients ne pourraient pas me commander une bavette de bœuf sans que j'essaie de l'attacher autour de leur cou. En plus, je serais toujours en train de souffler sur leur assiette en disant : « Attention ! C'est chaud-chaud-chaud ! » Et je ne sais pas jusqu'à quel point ils apprécieraient de se faire débarbouiller le bec après leur dessert.

Quand on a des enfants, on reconnaît aussi, infailliblement et chez n'importe qui, le twist de l'envie de pipi. Dès les premières nanosecondes, on sait ce qui se passe dans la région de leur slip et, après une minute, on a envie nous aussi : envie d'en finir et d'aller les asseoir nous-mêmes sur la toilette. C'est pour ça que, si je donne une conférence dans un colloque et que je vois quelqu'un s'agiter sur son siège de plus en plus nerveusement, je n'hésite pas à m'interrompre : « Les toilettes sont au bout du couloir à gauche, Monsieur. Oui, vous, avec la cravate rayée. Allez-y, sinon vous allez avoir un accident ! » Je ne sais pas pourquoi, mais en général les gens à qui je dis ça, ils ne reviennent jamais pour entendre la fin de ma présentation.

Mais je dois dire que l'autre jour, dans l'avion, j'ai atteint le fond du baril. Mon voisin de siège, un inconnu, s'est mis à me raconter tous ses malheurs en long et en large. Si encore il avait été question de mésaventures sexuelles avec des personnalités connues, je l'aurais écouté jusqu'au bout, mais non. Il m'entretenait d'hypothèque et de prêts REER et, horreur, il s'est même mis à me parler de ses enfants. Puis, au bout d'un moment, il s'est mis à se débattre. C'est parce que, sans même m'en rendre compte, j'essayais de lui fourrer dans la bouche une vieille suce qui traînait dans le fond de ma poche. Ça n'a pas tellement bien marché. Il a appelé ça une « atteinte à son intégrité physique », les agents de sécurité sont intervenus… Je leur ai dit que ça suffisait, j'ai compté jusqu'à trois et, comme ils ne me lâchaient pas, je les ai tous envoyés réfléchir dans leur chambre.

Ça non plus, ça n'a pas tellement bien marché. En ce moment même, je vous parle en direct d'une cellule capitonnée et insonorisée, vêtue d'une chemise blanche à très longues manches. Mais ce n'est pas si désagréable. Ils m'ont laissé la su-suce et Père indigne est venu me porter un biberon de gin tonic. J'espère seulement que ma maman viendra me lire une histoire avant le dodo…

## Le homard en héritage

Les filles, faut que je vous dise. C'est encore arrivé.

Vous vous souvenez d'Ex indigne ? Le gars qui ne m'a pas adressé la parole (et vice-versa, d'accord) pendant douze ans, sous prétexte qu'on avait rompu de manière un peu brutale ? Et avec qui je me suis finalement réconciliée, parce que je suis comme ça, moi, bonne pâte, magnanime, parfaite ?

Bon, ben l'autre soir j'ai encore été au resto avec lui. Comprenez-le, le pauvre homme : il vient tout juste de divorcer, ça n'a pas été facile, et il voulait marquer l'occasion avec une bonne amie, tout simplement.

Touuuut simplement.

(Sans blague, j'adore raconter cette histoire. Non, mais, vous vous rendez compte ? Tout le monde à qui j'en parle prête de mauvaises intentions à Ex indigne. À lui ! Pas à moi ! Et ça, je vous prie de me croire, c'est rarissime.

Évidemment, je profite de ma position de victime pour en rajouter.)

*Mère indigne* — Tu sais, quand on était ensemble, il y a quinze ans, tu m'impressionnais tellement que ça me poussait à faire plein de conneries pour que tu m'apprécies.

*Ex indigne, bonne pâte, magnanime, parfait* — Tu sais bien que tu n'avais pas à faire ça.

*Mère indigne* — Mais j'étais tellement jeune ! Et il y avait une certaine différence d'âge entre nous, il faut bien l'admettre. Pour ne pas dire une différence d'âge certaine. Je ne voulais pas me l'avouer à moi-même, mais ça m'affectait.

*Ex indigne, un peu déçu tout de même* — Je n'ai pas l'impression que ça t'affecte encore.

*Mère indigne* — Tu te trompes. J'ai l'impression que tu es mieux installé que moi dans la vie. Tu vois, tu peux te permettre de m'inviter dans un resto chic, et ça... ça m'intimide. Terriblement. Et c'est d'ailleurs parce que je suis toujours très intimidée, et qu'inconsciemment je te hais, que je vais commander l'entrée de foie gras poêlé à 55 dollars.

*Ex indigne* — C'est effectivement ce que j'appellerais de l'intimidation.

*Mère indigne* — Tu rigoles...

*Ex indigne, grommelant* — Non.

*Mère indigne* — ... mais tu ne devrais pas. C'est important, ce que je te dis là. Parce que je constate que je transmets sans le vouloir mes insécurités à mes enfants. Prends Fille aînée. Elle est pareille comme moi, une vraie catastrophe! Toujours à vouloir faire plaisir, même s'il faut qu'elle se livre à toutes les bassesses pour y parvenir. En tant que mère qui ne veut pas que sa progéniture commette les mêmes erreurs qu'elle, ça m'inquiète. Et c'est pour ça que, l'autre jour, je lui ai parlé de toi. Je lui ai raconté la fois du homard.

*Ex indigne* — La fois du homard?

*Mère indigne* — Oh, c'est vrai. Tu ne sais pas. Mon Dieu, ce qui est arrivé ce jour-là... c'était horrible. Je crois bien que c'est à ce moment précis dans notre relation que j'ai atteint le fond de la cage à crustacés.

*Ex indigne, l'air incrédule* — Un homard?

*Mère indigne* — Mais oui, tu ne te souviens pas? On avait décidé d'aller au restaurant, et tu m'as demandé si j'avais déjà mangé du homard. Moi, je pensais que tu voulais dire du homard au restaurant. Alors j'ai dit non. Mais toi, tu as pensé que je n'avais jamais mangé de homard de ma vie. Tu étais tellement fier de me faire goûter à cette bestiole pour la première fois... Et moi, je voulais tellement bien faire... Je suis désolée de te dire ça comme ça, mais j'ai dû faire semblant du début à la fin.

*Ex indigne, estomaqué* — Mais c'était absolument inutile !

*Mère indigne* — Je... j'avais besoin de ton approbation... La différence d'âge considérable que nous avions alors... et que nous avons toujours, je te signale...

*Ex indigne* — Oui, bon, ça va...

*Mère indigne* — Enfin bref, j'ai menti. J'ai fait semblant d'utiliser des pinces à homard pour la première fois de ma vie, de ne pas savoir comment les tenir, d'hésiter avant de prendre la première bouchée. Et, arrivée là, j'ai levé les yeux au ciel en signe d'extase, j'ai fait des « oooh » et des « aaaah » d'une voix rauque de plaisir, en espérant que j'aurais l'air suffisamment convaincue. Tu te rends compte ! J'ai feint l'orgasme gustatif. Et toi, tu trouvais ça follement émouvant.

*Ex indigne* — Dis donc, cette fois-là, justement, tu ne m'avais pas foutu plein de jus de citron dans l'œil ? Il me semble que j'avais dû aller aux toilettes pendant une quinzaine de minutes, le temps de retrouver la vue.

*Mère indigne* — Je pense que je n'avais pas fait exprès – j'en suis presque certaine –, mais au moins ça m'avait permis de finir mon homard tranquille.

Ex indigne lève les yeux au ciel.

*Mère indigne* — Quoi qu'il en soit, je me suis dit qu'il n'était pas question que ma fille suive les traces pathétiques de sa génitrice. Je lui ai tout avoué, en espérant qu'elle sache en tirer les leçons.

*Ex indigne* — Et les leçons furent-elles tirées ?

*Mère indigne* — Elle m'a dit que je lui avais déjà raconté cette histoire quatre fois, mais qu'à cause de mon plaisir manifeste à lui en parler, elle n'avait pas osé m'interrompre.

*Ex indigne* — Ça doit être la différence d'âge entre vous… Ça doit l'intimider.

*Mère indigne* — En tout cas, de t'avoir avoué tout ça, ça me soulage, tu ne peux pas savoir à quel point. On devrait fêter ça. (Se tournant vers les cuisines.) Garçon, champagne! Pour tout le monde!

*Ex indigne, le visage tout blanc, soudain* — ???

*Mère indigne, battant des cils* — Est-ce que je t'ai déjà dit que je n'avais jamais, jamais bu de champagne? De toute ma vie? Pour le moment, tu es sous le choc, mais tu vas voir, tu vas finir par trouver ça follement émouvant.

# En-cas d'urgence

Mère indigne reçoit la visite d'Amie-célibataire-indigne-femme-fatale-sulfureuse-et-dégénérée (pour faire court, nous l'appellerons Emmanuelle-l'anti-vierge. Bon, peut-être juste Emmanuelle, finalement, mais vraiment par souci d'espace). Toutes deux tentent d'avoir une conversation de filles autour d'un café.

*Mère indigne* — Attends, là, je comprends mal. Ton mec, il t'a dit qu'il avait une pépine ? Je croyais qu'il était médecin.

*Bébé* — WAAAAAAAAAAAAAAAAAAAAAAAAAAAA !!!

*Emmanuelle* — Non, pas une pépine. Il s'est dégoté une [AAAAAAAAAAAAAAAAAA]ine.

*Mère indigne* — Il s'est fait tatouer quelque chose sur la p[AAAAAAAAAAAAAAAAAA] ???

*Emmanuelle* — (Soupir.) Tu comprends ri[OUAIIIIIIIINNNNNNN].

*Mère indigne* — Merde. Attends deux secondes. (Puis, se tournant vers Bébé.) Mais qu'est-ce qui se passe, chérie ?

(Note aux futurs parents : la crise qui suit est authentique. Comprendrez que vous auriez dû vous retenir. Je sais. Dommage. Trop tard.)

*Bébé, se jetant par terre avec grand fracas* — WAAAAAAAAAAA ! Moi l'a tombéééééééééaaaaaHHAAAA !

*Mère indigne* — Mais non, tu n'es pas tombée. Tu t'es jetée par terre.

*Bébé* — NonmoilaPAjetéparterre !! MOILATOMBÉ ! BON ! WIIIIIIAAAAAAAAAAAHHH !

*Mère indigne* — Bon, d'accor-
*Bébé* — NANPADACCORAAAAAAAAA !!!
*Mère indigne* — Viens me voir, ma chouette, on va trouver une solution.
*Bébé* — NooooOOOOOooooon ! On trouvera PAS de solution !!! On va trouver du CACA !!!
*Mère indigne* — ...
*Bébé* — On va trouver de la CROTTE !!!
*Mère indigne* — ...
*Bébé, de plus en plus féroce* — ON VA TROUVER DU CACA-CROTTE !!!
*Mère indigne* — Oké. J'ai compris. Tiens.
*Bébé* — NANMOIVEUXPAAAAAAaa. Marsi.
Suit un silence inespéré et quasi insoutenable.
*Emmanuelle* — C'est quoi ? C'est... c'est des bonbons ?
*Mère indigne* — Oui. D'habitude, ça fonctionne avec un ou deux mais, étant donné l'ampleur de la crise, j'ai pensé que ça valait la peine de lui filer le sac.
*Emmanuelle* — Attends, là, je rêve. Tu es en train d'apprendre à ta fille à manger ses émotions ?
*Mère indigne* — Si je peux au moins lui apprendre une chose utile dans la vie, que ce soit celle-là.
*Emmanuelle* — Ben voyons ! Ça n'a aucun sens ! Il faut lui apprendre à gérer ses colères, à renforcer son estime de soi, à canaliser ses sentiments négatifs dans quelque chose de productif...
*Mère indigne* — Dans quelque chose de prod- non. J'ai assez de bricolages qui traînent partout, s'il faut que j'en ajoute un à chaque crise...
*Emmanuelle* — Tu pourrais au moins essayer de la raisonner, je ne sais pas, moi...

*Mère indigne* — Ben voilà. Justement. Tu ne sais pas.

*Emmanuelle, levant les yeux au ciel* — Classique. Je n'ai pas d'enfants, je ne peux rien dire.

*Mère indigne, doctement* — Ce n'est pas une question d'enfants, c'est une question de savoir-vivre. Je dirais même plus, c'est une question de sauce-yolodgie. Tout le fonctionnement de la société est élaboré autour de la dégustation des émotions. Et d'ailleurs, j'irais même encore plus loin et je dirais que celui qui ne mange pas ses émotions ne mérite pas d'en avoir.

*Emmanuelle* — Bon, v'là autre chose.

*Mère indigne* — Pourquoi on va au restaurant, hein ? Hein ? Pour fêter des trucs ! Pour célébrer ! D'ailleurs, dans les magazines de bouffe, c'est toujours ça : préparer des banquets, des soupers entre amoureux… T'es heureux ? Tu manges. Et les chips, mon Dieu. Les chips. C'est conçu pour la célébration, les chips. Surtout les Pringles, t'as vu la forme de la boîte…

*Emmanuelle* — Mais là, c'est la crise de nerfs de ta fille que tu célèbres en lui donnant des bonbons.

*Mère indigne* — Bon, bon, t'as raison, je vais faire un peu de renforcement positif. Bébé, ça va, t'es contente maintenant ?

*Bébé, la bouche pleine d'une masse collante* — Mvfoui.

*Mère indigne* — Excellent. Tiens, fête ça avec une couple d'autres framboises en gelée.

*Bébé* — Mfwarsi.

*Mère indigne* — Elle est tellement polie. Je devrais la récompenser.

*Emmanuelle* — Ah, mon dieu ! Arrête ! C'est super choquant.

*Mère indigne* — Peut-être, mais en attendant je vais pouvoir comprendre ce que tu essayais de me dire depuis tout à l'heure.

*Emmanuelle* — Ah. Oui. Écoute. C'est encore plus choquant.

*Mère indigne* — Quoi ? Tu t'es mise au scrapbooking ?

*Emmanuelle* — Es-tu folle, jamais. Non. Figure-toi que mon amant s'est fait une copine.

*Mère indigne* — « Ton » amant ? Excuse-moi, je croyais que t'en avais dix-huit.

*Emmanuelle* — Quatre. Cinq. En tout cas, depuis trois jours, j'en ai juste quatre, ça a l'air.

*Mère indigne* — Tu es phobique de l'engagement, tu m'as déjà dit que la tendresse, c'était « gluant », ça devrait te faire plaisir de voir que ton attitude n'est pas contagieuse. Et aussi de voir que le gars continue d'être attiré par des filles, même après son expérience avec toi.

*Emmanuelle* — Tu peux rigoler, mais ça m'affecte vraiment profondément. Le truc, c'est que j'aime que ma vie soit régie par des règles, comment dire, cosmiques. Genre, je suis le Soleil, pis là y'a plein de petites planètes qui gravitent autour de moi. Et dans un système solaire, y'a combien de Soleils ?

*Mère indigne* — Euh, attends...

*Emmanuelle* — Juste un. Y'en a juste un. Là, un amant qui se fait une blonde, c'est comme deux Soleils dans un même système solaire. Ça perturbe le cours normal des lois de la nature.

*Mère indigne* — T'as quand même pas le don d'ucubit- pardon, d'ubiquité. C'est pas fatigant d'être le seul Soleil ?

*Emmanuelle, le regard rêveur* — C'est une bonne fatigue.

*Mère indigne* — J'ai une idée : tu rebaptises ton amant « Pluton » et pouf!, c'est même plus une planète.

*Emmanuelle* — Ce n'est pas si simple. Enfin bref, ça m'a mise tout à l'envers, ça fait trois jours que je mange à peine.

*Mère indigne* — Eh ben, voiiiilà! La candidate parfaite pour une rééducation! Ma chère, aujourd'hui, tu vas manger tes émotions. Que dis-je, tu vas les dévorer. Et je vais t'accompagner dans ta démarche.

*Emmanuelle* — Je n'aime pas les bonbons.

*Mère indigne* — Minute, minute. Les bonbons, c'est le stade 1, pour les enfants, puisque leur goût n'est pas encore de toute première qualité. Pour nous, j'ai ÇA.

Mère indigne ouvre le frigo et dépose sur la table un pot de foie gras tout neuf et une bouteille de Barsac. Toute neuve aussi. Mais rassurez-vous, pas pour longtemps.

*Mère indigne* — Le stade 2. C'était pour Père indigne et moi, mais il va comprendre ta détresse. Enfin, je crois…

Une heure plus tard…

*Mère indigne* — Pis? (hic!) Pluton?

*Emmanuelle* — Il en reste un petit peu au fond…

*Mère indigne, déçue* — Oh. J'aurais vraiment cru que ça t'aurait totalement guérie.

*Emmanuelle* — Non, je veux dire, il reste un petit fond de foie gras. Quoique (hic!), pour Pluton, je vais quand même m'ennuyer de ses cu[WAAAAAAAAAAAAAA]us.

*Mère indigne, jetant un bonbon à Bébé* — De ses quoi??

*Emmanuelle* — Nevermind. Donne-moi le fond de Barsac, ça va finir de guérir le bobo.

*Mère indigne* — J'aime ça quand l'élève dépasse le maître.

Plus tard, Bébé est au lit, Emmanuelle est partie, et Père indigne questionne.

*Père indigne* — Puis? De quoi vous avez parlé avec Emmanuelle?

*Mère indigne* — D'astronomie, figure-toi. De système solaire, de planètes, d'harmonie dans l'univers...

*Père indigne* — Des cerveaux comme vous deux, vous devez avoir réglé la question de savoir si l'univers se rétracte ou s'il est en expansion ?

*Mère indigne* — Ben, le sien s'est rétracté, je pense. Elle a aussi vaguement fait allusion à des cumulo-nimbus... Enfin, je crois, je ne suis pas certaine, y'a Bébé qui faisait une crise.

*Père indigne* — C'est Bébé qui a bouffé le foie gras ?

*Mère indigne* — Non, c'est, euh, c'est nous... Avec Emmanuelle en pleine crise galactique...

*Père indigne* — Notre foie gras. De couple. Ça me fait mal.

*Mère indigne* — T'es triste ? Tu devrais manger au lieu de te plaindre. Tu sais, sociologiquement, c'est plus civilisé.

*Père indigne* — ...

*Mère indigne* — Tu veux un bonbon ?

*Père indigne* — Je n'aime pas les bonbons.

*Mère indigne* — Je parle de « bonbons ». Stade 3. On les trouve en général dans la chambre, sous les couvertures.

*Père indigne* — Oh. Je vois... Tiens, c'est drôle, je sens que mon univers est en expansion.

*Mère indigne* — Tu vas voir, je suis une thérapeute super professionnelle. Et, pour mon salaire, je prends les chèques personnels.

*Père indigne* — Bien essayé, docteur Maman, mais je vais mettre ça sur ma carte soleil.

## Inédit
## Le saucisson d'Ex

Quelle peau de vache, tout de même, cet Ex indigne!

On se bat froid pendant douze ans, puis c'est la réconciliation. D'accord, c'est beau et gentil les réconciliations, ça nous tire des larmes d'attendrissement, mais ce n'est qu'un début. Encore faut-il respecter le code.

Mais oui, quoi. Le code.

Le Code des ex.

Quoi? Vous ne connaissez pas le Code des ex? Je vous avertis tout de suite: le Code des ex, ce n'est pas bébé-facile comme le Code Da Vinci. Le Code des ex, ça demande un vrai effort, pas juste trifouiller dans des parchemins pour voir si la Vierge Marie ressemblait à Audrey Tautou.

C'est très difficile d'obéir au Code des ex, parce que ce code, en un mot, exige le *renoncement*. Faire une croix sur les engueulades du passé, sur les méprises, les erreurs, les doutes. Il vous a vu partir en porte-jarretelles à un rendez-vous chez le médecin? Vous l'avez surpris au lit avec un légume de forme oblongue? Il faut pardonner. Oublier. À la limite, comprendre.

Et surtout être très, très gentil. Parce que, soyons clairs: il n'existe qu'une seule bonne raison de renouer amicalement avec un ex. C'est que ça nous fasse nous sentir bien. Parce que si c'est seulement pour ressasser de vieux souvenirs, régler des comptes ou avoir des relations sexuelles passée la date d'expiration, organisons des soirées de speed-exing et, après, merci beaucoup, bonsoir et pas à la prochaine.

Non. La seule et unique raison de renouer amicalement, donc durablement, avec un ex, c'est la perspective qu'il nous fasse nous sentir *bien*.

Par exemple, moi, bonne pâte, je respecte le code. Je fais preuve de la bonne foi la plus totale. Aucun reproche sur des événements passés. J'ai tout pardonné, tout oublié et, à la limite, tout compris. Surtout que je n'ai jamais été aux prises avec la situation du légume.

En fait, je veux tellement lui faire du bien, à mon ex, que lorsqu'il nous arrive de nous croiser, les soirs de pleine lune, je me permets des allusions à sa grande virilité. (Oh, vous ne saviez pas ? Eh ben voilà, la surprise du chef sort du sac.) J'y vais même à grands coups de « Rhô, mon Dieu, chaque fois qu'ils montrent la navette Atlantis à la télé, ça me rappelle des souvenirs, et pis si les autres elles savaient tu ne pourrais plus sortir de chez toi sans ceinture de chasteté, et pis ci, et pis ça, etc. » Cela, évidemment, flatte délicieusement son égo et lui permet de se visualiser possédant la force brute du gorille déambulant nu dans la jungle, les attributs au vent et les femelles aux fesses. Et je le fais parce que c'est dans le code, ça ! Article 42 : « Tout ex a besoin de savoir que vous n'avez pas oublié la valeur de son amour en centimètres cubes. »

Je le respecte, le code, moi.

Alors, la moindre des choses, ce serait que mon ex le respecte aussi.

Or, c'était mon anniversaire il y a quelques semaines. Et le Code des ex est très clair à ce sujet. Ex indigne devait m'inviter dans un resto chic en passant la soirée à me répéter que « Rhô, les années n'ont aucune emprise sur toi, des-pattes-oies-mais-voyons-où-ça-tu-rêves ? », ce qui aurait délicieusement flatté mon égo et m'aurait permis de me visualiser possédant la grâce et la jeunesse de, je ne sais pas, moi, Dora l'exploratrice. En plus sexy. Et ça, en vérité je vous le dis, c'est dans le Code des ex. Article 237 : « Toute ex a besoin de savoir que vous n'utiliserez jamais son nom et "besoin urgent de Botox" dans la même phrase. »

Eh bien, vous savez quoi ?

Le jour même où nous devions aller souper ensemble dans un restaurant chic afin de ne pas parler de Botox, Ex indigne se fait hospitaliser.

Le déserteur.

Moi, évidemment, après quelques semaines, je suis allée le visiter. (D'après le code, j'aurais dû y aller avant, mais j'en avais trop gros sur le cœur.)

*Ex indigne* — Une infection au pied, figure-toi donc. Ça a été fulgurant.

*Mère indigne* — Hm.

*Ex indigne* — J'ai été à deux doigts de me faire amputer. Streptocoque. Il était moins une.

*Mère indigne* — Ah bon.

*Ex indigne* — C'est monté jusqu'au genou. La douleur était horrible.

Mère indigne lève les yeux au ciel et pousse un soupir blasé.

*Ex indigne* — Ils ont confirmé. C'était la mangeuse de chair.

*Mère indigne, maîtresse du sarcasme* — En voilà au moins une qui aura eu un bon repas.

*Ex indigne, abracadabré* — Bon. Je n'en reviens pas. Je frôle la mort et tu boudes à cause du resto manqué. La mangeuse de chair, bordel !

*Mère indigne* — J'avoue que ça prenait de l'imagination pour somatiser à ce point-là.

*Ex indigne* — Ça fait deux semaines que je mange de la nourriture exécrable. Tu crois que je n'aurais pas préféré le resto ? Et toi, tu te pointes à l'hôpital avec une mine d'enterrement pour seul cadeau.

*Mère indigne, fronçant les sourcils* — Ah, zut. Le cadeau. J'avais justement pensé à un cadeau génial pour quelqu'un pris à l'hôpital pendant des semaines à manger de la nourriture horrible. Un saucisson, tu sais, un vraiment bon. (Puis, songeant au Code des ex.) D'ailleurs, c'est incroyable, je ne peux pas voir un saucisson sans songer à… Enfin bref, je t'aurais aussi offert un beau couteau suisse pour aller avec. Super pratique. Et très efficace ensuite, si tu te perds en forêt et que tu dois t'amputer au pied levé.

*Ex indigne* — Ton sens de l'humour est tout à fait enchanteur.

*Mère indigne* — Enfin, l'important, c'est que tu retombes sur tes deux pattes.

*Ex indigne* — Très drôle.

*Mère indigne* — Oh, pardon. C'est vrai que tu n'as pas besoin de quelqu'un qui fait de l'esprit de bottine dans cette situation.

*Ex indigne* — J'aurai tout vu. Tu fais de l'esprit de bottine avec l'expression « esprit de bottine ».

*Mère indigne, rose de plaisir* — Je sais…

*Ex indigne* — Quoi qu'il en soit, l'absence de cadeau, c'est noté. Quand je pense que tu as des enfants ! Tu devrais pourtant savoir que, dans de telles situations, on apporte systématiquement des cadeaux.

*Mère indigne* — Comme si je revenais de voyage, en quelque sorte? Fallait que j'apporte un souvenir du monde extérieur?

*Ex indigne* — Quelque chose du genre, oui.

*Mère indigne, contrite* — Tu as raison. J'ai été en dessous de tout. La prochaine fois, je te promets de faire des pieds et des mains.

*Ex indigne* — (Soupir.)

Quelques jours plus tard, Mère indigne retourne à l'hôpital, fin prête à faire amende honorable.

*Mère indigne* — Me revoilààààà! Avec un beau cadôôôô! Tu vas être fou de joie. Ça…

Elle hésite.

Ex indigne attend.

*Mère indigne, penchant honteusement la tête* — Ça va être le pied?

*Ex indigne, levant les yeux au ciel* — Je le savais. Mais bon, au moins, le cabotinage est expédié. Et tu as apporté un cadeau. Je peux voir?

Mère indigne tend un petit sac de papier brun à Ex indigne. Un petit sac contenant un sandwich au baloney qui a l'air d'avoir veillé tard et en peu recommandable compagnie.

*Ex indigne* — Quoi?? Mais c'est ce qu'on m'a servi ce midi! C'était horrible! C'est une blague? Mais oui, évidemment, c'est une blague. Où est le saucisson?

*Mère indigne* — Ben, c'est que… Tu vois, quand je vais en voyage, j'oublie toujours d'acheter une surprise aux enfants pendant mon séjour à l'étranger. Et c'est juste au retour, à l'aéroport, que je me rappelle qu'il fallait que je rapporte quelque chose... Alors, tu vois, c'est très freudien tout ça, mais comme tu m'as mis cette situation dans la tête, je pense que ça m'a poussée à oublier ton saucisson... même si, euh, même si ton saucisson est proprement inoubliable...

*Ex indigne* — Oui, oui, c'est ça. Bref, avant de monter à la chambre, tu as été piquer un sandwich aux cuisines.

*Mère indigne* — Pas piqué. J'ai demandé. Ils ont eu l'air tout surpris que quelqu'un en veuille.

Ex indigne croise les bras. On dirait qu'il boude, ma parole.

*Mère indigne, scandalisée devant l'injustice (elle a vraiment fait tous les efforts)* — Tu ne me fais pas sentir bien du tout, là! C'est... c'est contre le code! Et mes enfants, eux, ils sont toujours contents de leur cadeau nul.

Et Mère indigne de quitter la chambre, non sans entendre un bruit qui ressemble étrangement à un sac en papier qu'on lance rageusement dans une poubelle.

Alors, oui, c'est bien beau la réconciliation, mais cet Ex indigne, tout de même... Quel casse-pied.

# Inédit
# Peau de vache

Mère indigne sirote un gin tonic sur une terrasse, sous l'œil envieux de Copine-jeune-maman qui doit se contenter d'un thé à la menthe, allaitement oblige.

*Copine, regardant son bambin gazouiller dans la poussette* — J'adore Georges-Étienne, mais j'exècre l'abstinence non volontaire.

*Mère indigne* — Hm. Je me suis toujours demandée si l'alcool passe *vraiment* dans notre lait quand on allaite.

*Copine* — Je suis sûre que ça a déjà été testé, voyons.

*Mère indigne* — Expérimentation sur sujets humains? Des bébés en plus? Nan, nan, nan, personne ne voudrait se taper les formulaires. Non, c'est le genre de projet qu'il faut entreprendre nous-mêmes, dans un sous-sol sombre, à l'abri des caméras cachées. Et comme c'est terminé pour moi, il n'y a que toi qui puisses mener à bien cette mission.

*Copine* — *Primo*, pas question, et *deuxio*, comment est-ce que je pourrais savoir si mon test est concluant ou non?

*Mère indigne* — Si Georges-Étienne se mettait à t'appeler Roger et te réclamait une grosse Mol' tablette?

Copine lève les yeux au ciel. « De toute manière, c'est pas compliqué, TOUT passe dans le lait. L'autre jour, j'ai mangé un cari rouge extra épicé. Deux heures après que j'eus donné le sein, la couche de Georges-Étienne avait des relents de parfums de l'Orient. »

Georges-Étienne, entendant le mot sein, s'agite tel le chien de Pavlov au son de la cloche. Il se met à saliver salement et tend les bras vers Copine, qui le prend en soupirant.

*Mère indigne* — Regarde-le comme il est mignon. Il a soif, il est tout rouge. C'est tout juste s'il ne dégrafe pas ton soutien-gorge lui-même.

Copine lève les yeux au ciel. « Honnêtement, j'en ai ras le pompon d'entendre les gens s'extasier devant l'allaitement. »

*Mère indigne* — Ben oui mais r'garde-le! Il a les yeux tout exorbités! Il met de la bave partout! Il est tellement meeeeuuuuggnnnnooonnnn!

*Copine* — Mignon, mignon... Ça me faisait tellement mal d'allaiter les deux premières semaines, je te garantis que je ne le faisais pas pour le côté croquignolet de la chose.

*Mère indigne* — C'est vrai que moi aussi, les premiers temps, ça m'avait assez torturée. Ils disent que c'est parce que l'enfant ne prend pas bien le sein. Sous-entendu, que sa conne de mère lui présente mal le mamelon.

*Copine* — La conne de mère s'objecte. Si ça fait mal, c'est parce que l'enfant *pompe* le mamelon comme une *balayeuse industrielle*, et ce, *dès sa sortie* de l'utérus.

Copine prend une gorgée de thé comme si c'était du whisky, et poursuit : « En tout cas, on s'habitue à tout. La preuve, je suis sûre que j'endurerais une trayeuse à vache sans problème. Mais trouver ça *charmant*? Non. Non. »

*Mère indigne* — Oui mais regarde, tout le monde autour trouve ça charmant!

Sur la terrasse, se croyant pris en flagrant délit de voyeurisme, plusieurs messieurs émus par la scène détournent le regard en vitesse.

*Copine* — C'est sûr que c'est charmant. Sous prétexte qu'ils ont une belle sensibilité, les hommes de mon entourage peuvent enfin lorgner ouvertement mon décolleté.

*Mère indigne* — C'est pas beau de prêter de mauvaises intentions aux z'hommes. Ils ont beaucoup évolué. Ce ne sont plus des brutes velues qui ne nous considèrent que comme des objets. (Mère indigne pousse un soupir dont le sens échappe à l'auteure.)

*Copine, déposant Georges-Étienne endormi dans sa poussette sans qu'il se réveille, ô miracle (ou alors ce sont les vapeurs du gin tonic)* — Moui, bon, enfin. En réalité, je ne déteste pas l'allaitement. Je trouve ça super, comme mécanisme. La nature m'épate.

*Mère indigne* — Mais...

*Copine* — Mais purement d'un point de vue fonctionnel.

*Mère indigne* — Mais, mais, mais... Les feuilles d'automne qui rougissent et qui tombent? Tu ne trouves pas ça charmant? Les chutes d'eau majestueuses? Ce n'est pas émouvant?

*Copine* — Oui. Et?

*Mère indigne* — Et c'est la nature! C'est beau, c'est attendrissant. Quelle différence avec l'allaitement?

*Copine* — Les feuilles ne me réveillent pas la nuit pour rougir. Les feuilles n'exigent pas que je m'exhibe la poitrine avant de tomber. Les chutes d'eau majestueuses ne régurgitent pas chaque fois à côté de la bavette. Les chutes d'eau ne font pas exprès de faire déborder leur couche pendant que je-

*Mère indigne* — Oui, bon, ça va. (Puis, se penchant vers Copine.) Mais regarde-moi ça... Oh, là, là. C'est quand même super mignon.

*Copine* — Hum. Georges-Étienne a arrêté de boire. C'est mon décolleté que tu es en train de lorgner ouvertement.

*Mère indigne* — J'ai toujours eu une belle sensibilité.

# Listes d'attentes

Telle Rate-des-Champs en visite chez sa copine glamour, Mère indigne sirote un Cosmo dans un bar du centre-ville avec son amie de toujours, Emmanuelle l'anti-vierge.

*Mère indigne, pressée d'en arriver au fait* — Et sinon, les amours, ça va ?

*Emmanuelle* — Ben, depuis que Pluton est parti...

*Mère indigne* — Ah, oui, Pluton ! Ton cinquième amant, si je ne m'abuse ? Celui qui a lâchement abandonné votre relation non officielle et chaotique parce que, le traître, il a trouvé ailleurs le véritable amour ?

*Emmanuelle, manifestement toujours agacée* — Hmffoui. Lui. Enfin, bref, depuis qu'il est parti, j'essaie de gérer la diversité comme je peux.

*Mère indigne* — Attends, attends, je ne comprends pas. T'as moins d'amants. En quoi est-ce que c'est plus difficile à gérer ?

*Emmanuelle* — Eh bien, tu comprends, avec cinq amants, c'était parfait. Un par semaine, donc pas tout à fait une fois par mois chacun. Ça gardait une distance convenable, ça évitait un engagement trop lourd. Mais maintenant, avec quatre...

*Mère indigne* — ... C'est chacun une fois par mois.

*Emmanuelle* — Voilà. Et « une fois par mois », ça fait moins occasionnel. Ça sonne plus... régulier, tu vois. Ça leur donne des idées romantiques, des ambitions.

*Mère indigne* — L'espoir horripilant d'une relation normale.

*Emmanuelle, hochant la tête* — C'est dur.

*Mère indigne* — Je vois... Euh, je dis ça comme ça, sans être experte en maths ni rien, mais... tu pourrais t'abstenir une semaine? Comme ça, abracadabra! Psychologiquement, ils en sont au même point qu'avant. Moins de stabilité, moins d'ambitions, moins de ce romantisme poisseux qui rendrait n'importe qui complètement dingue.

*Emmanuelle* — C'est très facile d'être sarcastique quand on ne vit pas soi-même ce genre de casse-tête. Et pour ta gouverne, oui, arrêter une semaine, j'y ai songé. Mais ça va être difficile. Mon work-out du jeudi soir...

*Mère indigne* — Quel drame. L'autre solution, ce serait le remplacement. Pas d'autres météores à l'horizon?

*Emmanuelle* — Ben, c'est-à-dire que...

*Mère indigne* — Ah, ah...

*Emmanuelle* — Il y aurait bien un intéressé, mais le problème, c'est moi. Je ne suis pas certaine de l'être.

*Mère indigne* — Mon Dieu, qu'est-ce qu'il a? C'est un cul-de-jatte à deux têtes qui a mauvaise haleine? T'es pas si regardante d'habitude.

*Emmanuelle, levant les yeux au ciel* — Nooon. C'est un ami, il est marié...

*Mère indigne* — Et...?

*Emmanuelle* — Et, et! Je ne sais pas, moi, je vieillis! Je commence à avoir des principes.

*Mère indigne, avalant sa dernière gorgée de Cosmo* — C'est drôle, moi, plus je vieillis et moins j'en ai.

*Emmanuelle* — En tout cas, pour le moment, ça ne m'intéresse pas vraiment. Mais je ne sais pas comment lui dire.

*Mère indigne* — T'es trop habituée à dire oui à tout. Une vraie mère Térésa de la séduction. Quand on a des enfants, ça aide au moins pour ça. On apprend à dire non rapidement.

*Emmanuelle* — Et efficacement ?

*Mère indigne* — Euh... hum. Oui, bien sûr. Quoi qu'il en soit, si tu veux, j'ai une réplique taillée sur mesure pour cette situation.

*Emmanuelle* — Tu me fais peur.

*Mère indigne* — Non, non, écoute, elle est excellente. « Je suis désolée, Rodrigue, mais, comme il y a plusieurs intéressés, tu vas devoir t'inscrire sur ma liste d'attente. Et j'ai bien peur que ce soit comme dans les garderies : le temps que ton tour arrive, tu vas être trop vieux pour ce que je vais avoir à te proposer. »

*Emmanuelle* — ...

*Mère indigne* — Pis ? C'est bon, hein ?

*Emmanuelle* — C'est sûr que faire une métaphore de garderie à un fringant soupirant, ça risque déjà de le refroidir.

*Mère indigne* — Voiiiilà. Y'a rien comme les conseils d'une maman pour nous guider dans la vie. Et parlant de ça, guide donc ta main vers ton portefeuille : tu me dois un drink.

# Chapitre 6
## Sœur indigne s'en mêle

Reste que l'entreprise d'Allard n'est pas sans danger. Son double statut de «mère» et d'«indigne» (ce second statut est partagé par son entourage), constamment mis de l'avant dans ses billets, forme l'essentiel de son personnage. Un peu comme Pierre-Léon Lalonde est le *chauffeur de taxi* de son blogue, *Un taxi la nuit*, Caroline Allard devient, de son propre chef et grâce à un travail soutenu de sa part, une mère indigne *avant* d'être Caroline Allard. De là à dire que la schizophrénie la guette, il n'y a qu'un pas.

> Éric Vignola, *L'indignité littéraire à travers les âges, tome IV : Le blogue de Mère indigne*, p. 121.

Mais est-ce que quelqu'un va enfin pouvoir me dire qui c'est, cette Caroline Allard ?

Mère indigne

# Esprit des fêtes, es-tu là ?

C'est dimanche, et Père indigne livre des paniers de Noël. Mère indigne, terrorisée à l'idée de passer l'après-midi seule à la maison avec ses deux enfants, atterrit en catastrophe chez Sœur indigne.

Nièce chérie (4 ans) et Fille aînée (7 ans) traînent autour de leurs parents en jouant avec les Playmobils. Bébé (15 mois) et Nièce atomique (9 mois) traînent autour de leurs grandes sœurs en essayant de mettre la main sur leurs Playmobils. Les adultes, eux, boivent du café en regrettant que ce ne soit pas du fort.

*Mère indigne* — Je n'en reviens pas que tu aies perdu Fille aînée au théâtre hier.

*Sœur indigne* — Ben là ! Quand Fille aînée me dit qu'elle va m'attendre à l'extérieur des toilettes, je lui fais confiance !

*Mère indigne* — Fille aînée est distraite.

*Beauf' adoré* — Moi, je ne l'aurais jamais laissée toute seule.

*Sœur indigne* — Ben là ! On parle de Fille aînée !

*Beauf' adoré* — Quand même, je n'aurais jamais fait ça.

*Sœur indigne* — Elle est super fiable !

*Mère indigne* — Mais distraite. (À Fille aînée.) Chérie ? Comment ça se fait que tu t'es perdue au théâtre ?

*Fille aînée* — J'attendais tantine à la sortie des toilettes, puis là, j'ai pensé que je l'avais entendue sortir.

*Mère indigne* — Entendue sortir. Tu ne l'as pas vue sortir, mais tu l'as entendue sortir…

*Fille aînée* — Oui.

*Mère indigne* — Et tu es partie à sa recherche.

*Fille aînée* — Oui.

*Mère indigne, à Sœur indigne* — Tu laisses pas ça tout seul.

*Beauf' adoré* — Je n'aurais jamais fait ça. Sérieux.

*Sœur indigne* — Mangez donc tous de la…

*Bébé* — Wouiiiiinnnnn!!!

*Mère indigne* — Qu'est-ce qu'il y a, mon poussin ? Tu es tombée ? Viens faire un gros câlin à maman. Voiiiilà, ça va mieux. Ah, merde. Je me suis encore fait morver dessus.

*Fille aînée* — Maman ! T'as dit un mauvais mot !

*Mère indigne* — Mais oui, chérie, ça arrive à tout le monde. Euh, Sœur indigne, les petites boules bleues dans le sapin, elles sont incassables ?

*Sœur indigne* — Oui, oui, Bébé peut les décrocher. Faudrait juste pas qu'elle les donne à…

*Mère indigne* — NON ! Bébé, chérie, il ne faut pas donner les boules bleues à Petite Cousine !

Bébé donne une petite boule bleue à Petite Cousine, qui s'empresse de la mettre dans sa bouche. La communauté adulte la regarde avec fascination alors qu'elle joue avec la mort. Quelques secondes plus tard, Sœur indigne intervient.

*Sœur indigne* – Donne à maman, chérie. Donne à maman. Merde. Donne à maman !

*Fille aînée* — Maman, tantine a dit un mauvais mot !

*Mère indigne* — Mais oui, chérie, ça arrive à tout le monde. Montre donc à tantine la belle médaille que tu as reçue au kin-ball.

Sœur indigne me regarde d'un air mystifié. « Kin-ball ? »

*Mère indigne, d'un ton enthousiaste* — Oui, c'est un très chouette sport, Fille aînée y joue chaque lundi soir et elle adore ça! (En aparté.) Un jeu débile où le ballon est plus gros que toi et où la moitié de l'équipe est composée d'hyperactifs que leurs parents veulent caser pour la soirée. Elle veut qu'on l'inscrive encore en janvier.

*Beauf' adoré* — Vous avez dit non?

*Mère indigne* — Ben non, on a dit oui.

*Fille aînée* — Tantine, regarde ma médaille!

*Sœur indigne* — Ooooooh. Tu l'as eue parce que ton équipe a gagné?

*Fille aînée* — Non, tout le monde en a eu une.

*Mère indigne* — Pour qu'une équipe gagne, il aurait fallu que quelqu'un comprenne les règles du jeu.

*Fille aînée* — Moi, j'aime ça le kin-ball. Mais maman avait oublié qu'elle m'avait inscrit alors j'ai manqué le premier cours. Et là, quand j'ai eu la médaille de participation, maman a pensé que c'était le dernier cours. Hein, maman, ça devait être le dernier cours?

*Mère indigne* — C'est sûr que oui, mon amour.

*Fille aînée* — Parce que Francis il a dit qu'hier soir c'était le tournoi.

*Mère indigne* — Merde.

*Fille aînée* — Maman, tu as encore dit un mauvais mot!

*Mère indigne* — Écoute, Francis se trompe. Le kin-ball est fini depuis deux semaines, OK?

*Fille aînée* — Je sais, maman, vu que tu me l'as dit l'autre jour.

Fille aînée fait encore follement confiance à sa mère. C'en est presque pathétique. Sœur indigne vient à sa rescousse en changeant de sujet:

*Sœur indigne* — As-tu fait ta liste de Noël?

*Fille aînée* — Oui, maman m'a montré le catalogue du père Noël et j'ai choisi dedans.

*Beauf' adoré à Mère indigne* — Pas le catalogue de Sears, quand même ?

*Mère indigne* — Non, le catalogue en ligne d'Indigo/Chapters. Je lui ai dit que c'était ça qu'il y avait dans l'entrepôt du père Noël cette année, et j'ai tout commandé par Internet.

*Sœur indigne* — Pas de magasinage ?

*Mère indigne* — No. Way.

*Fille aînée* — Mais maman, il n'y avait pas le Winnie l'Ourson déguisé en étoile de mer dans l'entrepôt du père Noël, et j'en voudrais vraiment un !

*Mère indigne* — Ah, tiens, justement, je voulais te dire. Les Winnie l'Ourson déguisés en étoile de mer, c'est chez tantine que le père Noël vient les livrer...

*Sœur indigne* — Bitch.

*Mère indigne* — ... Alors ton Winnie, c'est tantine qui va te l'offrir pour Noël.

*Sœur indigne, écœurée, murmure à Mère indigne* — Savais-tu que ces Winnie-là, ils sont dans des machines à sous ? J'espère que ça ne me coûtera pas cinquante piastres pour tomber sur le Winnie-étoile.

*Mère indigne* — Bonne chance.

*Sœur indigne* — Bitch.

*Fille aînée* — Maman, est-ce que « bitch », c'est un mauvais mot ?

*Mère indigne, en soupirant* — Non, non, chérie, oublie ça.

*Fille aînée* — C'est parce que ça sonnait comme un mauvais mot.

*Beauf' adoré* — Oh putain !

Beauf' adoré vient de remarquer que Bébé a enlevé toutes les petites boules bleues à sa portée dans le sapin et qu'elle et Petite Cousine les sucent allégrement. La communauté adulte les regarde avec fascination tandis qu'elles jouent avec la mort, puis, quelques secondes plus tard, nous nous ruons vers elles pour leur arracher leurs nouveaux jouets préférés.

*Bébé* — Wouiiiiinnnnn !

*Petite nièce* — Wouiiiiinnnnn !

Heureusement que le vert est de saison, car c'est le festival de la morve.

*Mère indigne* — Merde !

*Sœur indigne* — Merde !

*Fille aînée* — Maman, TANTINE ET TOI VOUS AVEZ DIT UN MAUVAIS MOT !!!

*Sœur indigne* — Coudonc, est-ce qu'elle va se calmer avec les mauvais mots, l'ayatollah ?

*Mère indigne* — Les filles, ça vous tente d'aller faire un tour dehors ?

*Fille aînée et Nièce chérie* — Ouiiii !

Mère indigne et Sœur indigne se retiennent pour ne pas se faire un high five.

*Fille aînée* — Maman, il fait assez chaud, je ne suis pas obligée de mettre ma salope, hein ?

*Sœur indigne* — FILLE AÎNÉE A DIT UN MAUVAIS MOT !!!

*Mère indigne* — Chérie, tu n'es pas obligée de mettre ta salopette. Et « salope », c'est un mauvais mot.

*Sœur indigne* — Ta salope, mets-la pas, pis fais-la pas.

*Mère indigne* — T'es conne.

*Fille aînée* — Qu'est-ce qu'elle a dit, tantine ?

*Mère indigne* — Rien. Elle se parle toute seule.

*Sœur indigne* — Hin, hin.

## À oublier au plus vite

*Sœur indigne* — J'ai l'œil gauche qui saute depuis trois jours.

*Moi* — Fatigue?

*Sœur indigne* — Méchantes nuits. Surtout la dernière. Et disons que je ne pouvais pas vraiment compter sur la Belle au bois dormant.

La Belle au bois dormant, alias Beauf' adoré, qui avait oublié la veille que quatre consommations alcoolisées plus deux Sudafed, ça fait faire dodo longtemps, et ça fait faire dodo n'importe où.

*Beauf' adoré* — Non mais, sérieux, je fais une grosse sinusite (Sœur indigne lève les yeux au ciel.), pis hier j'ai été au forum avec ton frère. J'avais pas pensé aux Sudafed, j'ai pris trois ou quatre bières, pis je me suis endormi en pleine game. Toronto-Montréal, peux-tu t'imaginer? Le monde autour était comme «AAAHHHHAAAAHHHOUHHH!!!!», moi, je dormais. (Sœur indigne re-lève les yeux au ciel.) Je me suis réveillé pour les prolongations, ensuite, je me suis rendormi chez ton frère. Je me souviens vaguement m'être mis au lit chez nous, pis après ça a été le noir total. (Beauf' adoré secoue la tête d'un air émerveillé.) To-tal.

*Sœur indigne* — Le noir total, avec la petite qui hurle pendant quarante minutes aux trois heures.

*Beauf' adoré* — Rien entendu. En tout cas, je me sens vraiment tout croche aujourd'hui.

*Moi* — C'est gentil d'être quand même venu faire un tour.

*Sœur indigne* — Oh, il n'a pas trop eu le choix. J'avais fait exprès de dire à ma fille qu'on allait jouer avec la tienne. Après ça, plus de retour en arrière possible.

Sœur indigne est diabolique. Je prends des notes.

*Beauf' adoré* — En tout cas, essaye pas de me faire boire du vin ou quoi que ce soit aujourd'hui. Pas question. No way.

*Moi, l'air innocent* — Correct. Je vais partager le reste du Gewurtz d'hier soir avec Sœur indigne.

*Beauf' adoré* — Du Gewurtz ?

*Moi* — Ouaipe.

*Beauf' adoré* — Bon. Un demi-verre, ça ne me tuera pas.

*Sœur indigne* — Quoi ? Tu vas boire après hier ?

Nièce chérie sauve la situation en pointant du doigt sa sœur d'un an, qui, en faisant semblant de rien, dérive dangereusement vers l'escalier.

*Nièce chérie* — Maman, faudrait mettre la barrière pour ma petite sœur.

*Sœur indigne* — Ah. Ouais. (Sœur indigne met la barrière et se frotte le visage.) Ostie d'œil.

*Fille aînée, de ma chambre où elle s'occupe à on ne sait quoi* — Maman, « ostie », est-ce que c'est un mauvais mot ?

*Moi, appliquant le principe selon lequel la meilleure défense, c'est l'attaque* — Chérie, qu'est-ce que tu fais dans la chambre de papa et maman, là ?

*Fille aînée* — Rien !

Beauf' adoré, dans le but de faire oublier son demi-verre de vin à Sœur indigne, nous tourne le dos au comptoir et, tant qu'à faire, commence à préparer le lunch.

*Sœur indigne* — Faut mettre l'ail, les tomates et ensuite les crevettes.

*Moi, porte-panier réjouie* — Y'a mis les crevettes avant les tomates, y'a mis les crevettes avant les tomates!

*Sœur indigne* — T'AS PAS MIS LES CREVETTES AVANT LES TOMATES?

Sœur indigne et moi sommes la terreur des hommes. Beauf' pourrait vous en parler longtemps.

Mais Beauf' adoré est aussi un mâle alpha qui résiste vaillamment à l'émasculation. «Tu m'as dit qu'on mettait un peu n'importe quoi dans la sauce!»

*Sœur indigne, aussi une femelle alpha devant l'éternel* — N'importe quoi, mais pas n'importe comment!

J'ai quand même un peu pitié.

*Moi* — Tiens, sœur, un verre de vin. Ferme les yeux, bois, et si le lunch est dégueulasse, on ne lui permettra jamais de l'oublier.

Nièce chérie vient, une fois de plus, au secours de son papa. «Maman, faudrait enlever les billes dans la bouche de ma petite sœur.»

*Bébé nièce* — Gurgl.

*Sœur indigne* — Ah. Ouais. (Elle extirpe expertement quatre ou cinq billes de la bouche de Bébé nièce.) Sérieusement, faut que je dorme, là. Mon cerveau arrête de processer.

*Moi* — Heille, ça me fait penser. Moi, je dors, mais je fais des rêves malades.

*Sœur indigne* — Genre, tu rêves que tu peux te reposer?

*Moi* — Non. Je sais pas comment te dire ça, c'est dégueulasse, mais j'ai rêvé que je frenchais George Bush.

*Sœur indigne* — HEIN??? T'es ben folle!

Beauf' adoré profite de la confusion pour s'approprier le reste de la bouteille.

*Moi* — Je pense que c'est mes histoires de livres. Tsé, c'est comme si j'avais peur de devenir populaire, qu'être populaire c'est comme, genre, mauvais.

*Sœur indigne* — Ben, là! La popularité! T'aurais pu rêver que t'embrassais Brad Pitt! George Bush, mon Dieu.

*Moi* — Je sais, c'est dégueu.

*Fille aînée, toujours enfermée dans ma chambre* — Maman, «George Bush», est-ce que c'est un mauvais mot?

*Moi* — Coudonc, toi, veux-tu bien me dire ce que tu fais dans la chambre de papa et moi?

*Fille aînée* — Rien!

*Moi* — Viens jouer avec ta cousine, elle est venue pour te voir!

*Fille aînée* — J'peux pas!

Je décide d'aller voir si ma progéniture n'aurait pas eu la mauvaise idée de fouiller dans notre tiroir aux trésors.

J'ouvre la porte sur une vision de Fille aînée qui saute sur notre lit, flambette. Pour les lecteurs venus d'ailleurs, «flambette», ça signifie *completely deshabilled*.

*Moi* — Ben voyons, chérie! Qu'est-ce que tu fais?

*Fille aînée* — Je me pratique à danser nue.

*Moi* — Gurgl.

Je referme la porte, doucement. Je prends possession du verre de Beauf' qui m'apparaît, ma foi, pas mal plus qu'à moitié plein. Je le cale. À Beauf': «Aurais-tu une couple de Sudafed?»

*Beauf' adoré* — Qu'est-ce que t'as?

*Moi* — Je... J'ai les deux yeux qui sautent sans arrêt. Je pense que c'est une fillusite. Aiguë.

Beauf' n'avait pas ses Sudafed. Ou peut-être qu'il ne voulait pas partager.

*Moi* — Heille, champion, je suis sûre que ton dîner va être excellent, mais si tu permets je passe mon tour.

Parce que moi, si je ne voulais pas craquer, fallait que je me fasse de la soupe.

Et où était Père indigne pendant ce temps-là? Il montait une piste de chemin de fer dans le sous-sol, soi-disant pour que les filles puissent s'amuser avec.

*Moi* — J'ai trouvé ça un peu raide de ta part de jouer en bas avec des locomotives alors que, moi, je dois gérer un stress épouvantable avec une future reine du *pole dancing*.

Et Père indigne de répliquer: « Moi, au moins, j'ai pas frenché George Bush. »

J'ai alors eu l'impression d'être télétransportée au beau milieu d'un immense désert, dont une nuit noire aurait pris possession à tout jamais. C'était glacial, inhospitalier. Un chameau qui passait par là m'a regardé avec plein de mépris dans ses yeux globuleux, et il m'a dit: « T'aurais vraiment dû te taire au sujet de ton cauchemar, parce que là, Père indigne, t'en as pour des années à ne rien pouvoir lui reprocher. »

# Moi maman, toilettes
## (c'est supposé être un jeu de mots, mais pas nécessairement génial)

(Certaines parties de cette histoire sont vraies. Je vous laisse choisir lesquelles.)

*Mère indigne* — Vraiment, je suis désolée de m'être emportée tout à l'heure.

*Sœur indigne* — Même Nièce indigne t'a entendue crier par le combiné.

*Mère indigne* — Écoute, j'haïs vraiment ça être dérangée quand je suis aux toilettes. Je veux dire, avec les enfants, on s'y attend, mais là, Père indigne qui frappe à la porte pour me dire que ma sœur veut me parler au téléphone ? C'était comme trop.

*Sœur indigne* — Je comprends.

*Mère indigne* — Pourquoi on ne peut pas avoir la paix aux toilettes ? Pourquoi ? Même les animaux dans la jungle ont le réflexe de s'isoler. Et on les laisse faire. Pourquoi les mères ne peuvent-elles pas être tranquilles ?

*Sœur indigne* — Mm.

*Mère indigne* — C'est pareil chez vous, je peux pas croire.

*Sœur indigne* — Mm.

*Mère indigne* — Écoute ça. L'autre jour, je suis aux toilettes. Concentrée. Et là Fille aînée frappe à la porte.

*Sœur indigne* — Classique.

*Mère indigne* — Bon, c'est déjà beau qu'elle ait frappé au lieu d'entrer et de s'asseoir sur le bord du bain en me fixant jusqu'à ce que j'aie terminé...

*Sœur indigne* — Qu'est-ce qu'elle voulait ?

*Mère indigne* — J'en ai tellement marre, si tu savais. Je lui ai demandé si ce qu'elle avait à me dire était vraiment important.

*Sœur indigne* — Et ?

*Mère indigne* — Voyons. Bien sûr que c'était d'une importance ca-pi-ta-le. Ça ne pouvait pas attendre.

*Sœur indigne* — Elle n'avait pas déjà ses règles à huit ans ?

*Mère indigne* — Non. Elle venait d'écouter les nouvelles du sport. Elle voulait savoir ce que « neige synchronisée » voulait dire. Évidemment, le temps que je lui explique, ça m'a perturbée.

*Sœur indigne* — Le blocage.

*Mère indigne* — Total. Je n'ai pas pu procéder pendant trois jours.

*Sœur indigne* — Et Bébé ? Elle te fout la paix ?

*Mère indigne* — C'est pire ! Pourtant, j'essaie vraiment d'être décontract. Je m'installe sur la cuvette pendant qu'elle est dans son bain, en me disant qu'au moins, comme elle est déjà dans la salle de bain, je sais à quoi m'attendre.

*Sœur indigne* — Mais non.

*Mère indigne* — Non. Non seulement elle me regarde fixement elle aussi, mais elle sort du bain et essaie de m'écarter les jambes pour vérifier où j'en suis. Et si j'ai le malheur de faire un numéro 2, il faut que je lui donne un nom.

*Sœur indigne* — Fuck.

*Mère indigne* — Fais-moi plaisir, n'appelle jamais ton chat « Ti-Brun ».

*Sœur indigne* — En tout cas, moi, j'ai réglé le problème. Je verrouille la porte.

*Mère indigne* — Comment tu fais ? Suffit qu'ils entendent le « clic » pour que toute la maisonnée soit soudainement prise d'une envie irrépressible.

*Sœur indigne* — Non. Plus chez nous. Pour les toilettes, j'ai adopté l'approche «tough on crime». T'as envie quand j'occupe la place, tu vas ailleurs. On a trois salles de bain, c'est pas comme si je leur demandais d'aller faire ça dans la cour.

*Mère indigne* — Et ça marche?

*Sœur indigne* — Ils se débrouillent. Et j'ai la paix. En fait, je dois dire que, maintenant, c'est aux toilettes que je mène la plupart de ma business.

*Mère indigne* — Euh… C'est-à-dire…?

*Sœur indigne* — J'apporte le téléphone et mon ordi avec moi, je verrouille la porte et je prends un grand respir. Je peux rester là deux heures.

*Mère indigne* — Tu me niaises? Et Beauf' adoré? Il est d'accord?

*Sœur indigne* — Tony fait pareil. D'ailleurs, je suis aux toilettes en ce moment même.

*Mère indigne* — J'hallucine. Tu me parles au téléphone assise sur la bol.

*Sœur indigne* — Si je ne te l'avais pas dit, tu ne l'aurais jamais su. Faut juste que je fasse attention de ne pas flusher quand je suis au téléphone avec un client. Remarque, Tony le fait régulièrement et ses affaires ne se sont jamais mieux portées. Je pense que notre société est vraiment sur la pente descendante.

*Mère indigne* — Seigneur. Et les filles?

*Sœur indigne* — Tony et moi, on prend nos tours de toilettes. Pour le moment, Tony s'en occupe. Il me reste encore un bon 15 minutes avant de lui céder la place.

*Mère indigne* — Tu, euh, ne manques jamais de papier de toilettes?

*Sœur indigne* — C'est drôle que tu en parles. C'est arrivé la semaine dernière en pleine gastro, alors on a fait le plein chez Cosco. Rouleaux doubles. Les armoires des trois salles de bain sont remplies à pleine capacité.

*Mère indigne* — Et t'as ton ordi avec toi, là, là?

*Sœur indigne* — Mon laptop. C'est vraiment génial. Dans un petit endroit clos comme ça, j'ai l'impression de me retrouver dans l'utérus de maman, mais avec tout le côté pratique de la techno. D'ailleurs, tiens! Je viens de te poker sur Facebook.

*Mère indigne* — Tu viens de me... J'ai mon voyage. C'est ce qui s'appelle avoir le *wireless* collé aux fesses.

*Sœur indigne* — Ah, *shit*.

*Mère indigne* — Non, s'il te plaît. *Too much information*.

*Sœur indigne* — Non, non, c'est pas ça.

*Mère indigne* — Quoi?

*Sœur indigne* — Tony vient aussi de me poker sur Facebook. Il doit être dans la salle de bain à l'étage. Le maudit. Je pensais qu'il s'occupait des filles. Attends, je vais le *skyper*.

Boop! Boop! Boop!

(Bon, résumons, voulez-vous? On s'amuse tellement qu'on pourrait s'y perdre : Mère indigne, au moyen de son téléphone cellulaire, s'apprête à épier une conversation *Skype* entre sa sœur et Beauf' adoré.)

*Sœur indigne* — Chéri?

*Beauf' adoré* — Ouais?

*Sœur indigne* — Comment ça tu me pokes?

*Beauf' adoré* — Ben, quoi. J'aime pas ça perdre l'avantage du poke.

*Sœur indigne* — Je veux bien, mais les filles? Tu t'en occupes?

*Beauf' adoré* — Pas vraiment. Je suis aux toilettes en haut.

*Sœur indigne* — Je vois bien!

*Beauf' adoré* — Il est 4 h. Ton tour de toilettes est fini.

*Sœur indigne* — Tu pourrais me prévenir! Où sont les filles?

*Beauf' adoré* — Euh… Écoute, faut que je te laisse. J'ai *vraiment* envie.

*Sœur indigne* — Mais où sont les fiiiilles??

Il s'avéra que les deux nièces de Mère indigne, suivant l'exemple de leurs parents, avaient investi la troisième salle de bain, celle du sous-sol. Par contre, boudant résolument la techno, elles s'étaient consacrées à une tâche manuelle et beaucoup plus terre à terre consistant à bourrer systématiquement la cuvette avec des rouleaux doubles de chez Cosco.

Moi, ensuite, j'ai fait une recherche sur Google, et c'est écrit noir sur blanc: on est toujours puni par où on a poké.

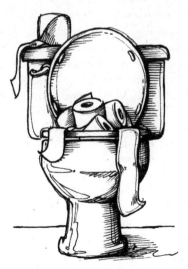

# Redécouvertes*

Moi, je vais vous dire franchement, en tant que parent, je trouve qu'on exagère un peu le côté émouvant du regard d'un enfant.

Vous savez, quand on entend dire que c'est tellement chouette d'avoir des enfants, parce qu'on redécouvre le monde à travers leurs yeux? Qu'on retrouve la magie des choses qu'on a fini par trouver ordinaires avec les années qui s'accumulent? Personnellement, j'ai l'impression qu'on a parfois de bonnes raisons de trouver certaines choses ordinaires: c'est parce qu'elles le sont.

Voir le monde avec des yeux d'enfants, c'est voir une limace dans le jardin et avoir envie de la manger. C'est aussi s'extasier sur quelque chose d'aussi improbable que, disons, du sable. « Maman, maman! Viens toucher comme c'est doux et chaud, du sable! » La première fois, vous souriez de l'enthousiasme de votre enfant devant une matière qui, elle le saura bien assez vite, est peut-être chaude et douce entre les doigts mais se transforme en saloperie rugueuse lorsqu'elle s'infiltre dans vos chaussures, vos cheveux, ou même pire. Néanmoins, en bon parent, vous vous exclamez, enthousiaste: « Maman change la couche de ton petit frère et elle arrive tout de suite. » Mais l'autre matière douce et chaude qui a envahi la couche de Bébé vous fait cependant oublier tout le reste.

---

\* Chronique radiophonique diffusée le 3 mai 2008 à l'émission *Nulle part ailleurs*, Radio-Canada, Sudbury.

« Maman ! T'es pas encore venue toucher mon sable ! », vous répète-t-on une demi-heure plus tard, d'un ton légèrement agacé. C'est que, bon sang, le sable, vous l'avez touché et retouché de nombreuses fois au cours de votre vie, et pour être franche, en tant qu'adulte, vous avez depuis longtemps découvert qu'il existe d'autres choses douces et chaudes que vous toucheriez plus volontiers que du banal sable de chez Canadian Tire.

« J'arrive dans cinq minutes ! », hurlez-vous, en vous empressant immédiatement d'oublier ce que vous venez tout juste de promettre.

Deux heures plus tard, on tire sur votre jupe : « Maman. Le sable. » Excédée, vous déléguez alors Bébé pour aller y toucher à votre place, au maudit sable. Ce qu'elle s'empresse de faire. Et non seulement elle le touche, mais elle le prend à pleines mains et elle le jette dans les yeux de sa grande sœur qui expérimente alors la douceur et la chaleur des grains de sables coincés sous la paupière. Elles pleurent et vous priez pour que votre conjoint arrive au plus vite pour lancer vos deux petits monstres dans ses deux bras doux et chauds, et qui sont bien mieux d'être accueillants.

Parfois aussi, être soi-même vu à travers des yeux d'enfants, c'est pas nécessairement positif. Quand votre rejeton, dans l'autobus, vous demande de sa voix haute et claire : « Maman, pourquoi le monsieur assis à côté de nous a les dents oranges ? », vous aimeriez bien qu'il ferme ses yeux d'enfants une fois de temps en temps. Et sa bouche aussi, par la même occasion.

Et même quand ça a l'air positif d'être vu par des yeux d'enfants, on peut se poser de sérieuses questions. Vous savez par exemple que la petite voisine cultive un fétichisme avancé pour les robes de princesses et que ses yeux s'écarquillent à la moindre poupée Barbie peinturlurée comme un travesti qui se serait fait capturer par le Cirque du Soleil. Or, quand cette même petite voisine pose sur vous ses yeux d'enfants, les écarquille et s'exclame « T'es tellement bellllle Madame » alors que vous vous apprêtez à partir pour une importante réunion d'affaires, vous avez tendance à vous poser des questions sur la couleur peut-être un peu trop vive de votre nouveau rouge à lèvres ou sur la bienséance de vos talons hauts. Vous résistez à l'envie de fondre en larmes, mais vous rentrez quand même à la maison vous changer encore quatre fois avant de partir.

Et puis la redécouverte, comme son nom l'indique, c'est pas la vraie nouveauté. Ça enlève quand même le « oumph » d'une histoire de savoir à l'avance comment elle va finir. Pourtant, les enfants, ils peuvent écouter Aladin cinq fois de suite sans aucun problème, et ce, tous les jours pendant trois ans. Avouons que c'est tout de même préoccupant. Et parlant d'histoires qu'on répète à n'en plus finir, c'est quand on est parents qu'on se rend compte que l'humanité roule sur un capital de blagues assez restreint. Voulez-vous bien me dire comment ça se fait qu'au XXI$^e$ siècle, on est encore pognés avec Pète pis Répète? Pis la madame qui avait deux fils, Sam et Pique? Aujourd'hui, vous vous plaisez à imaginer Pète et Répète assis dans leur chaloupe, tout vieux et ridés, en train de tourner une publicité de couches pour adultes : « Tu sais comme moi, Répète, que passer sa vie sur un bateau, ça exige des solutions alternatives pour se soulager. » Et Sam et Pique, on peut espérer qu'ils ont enterré leur fatigante de mère depuis longtemps. Et on peut même imaginer qu'ils sont eux-mêmes parents de deux enfants, deux filles, qu'ils ont appelées Calamine et Vagisil, question de remettre un peu d'équilibre dans l'univers.

Sur ce, permettez-moi de me changer les idées d'Aladin et de retourner tranquillement à la lecture de mon roman policier. C'est vrai, les intrigues sont aussi toujours les mêmes, mais au moins c'est pas comme les vieilles blagues : les noms des personnages changent. Et tiens, je vais peut-être même accompagner ma lecture d'un petit gin tonic. Le gin tonic... Voilà bien quelque chose que je ne me lasserai jamais de redécouvrir...

# Faites ce que je dis, pas ce que je fée

*Sœur indigne* — Je t'annonce officiellement que Fille aînée est une pré-adolescente.

*Mère indigne* — Quoi? Je te la fais garder deux jours et tu me la pervertis moralement?

*Sœur indigne* — En fait, c'est elle qui m'a posé la question. «Tante indigne, à quel âge est-ce qu'on devient une pré-adolescente?»

*Mère indigne* — Et tu lui as répondu...?

*Sœur indigne* — «Ton âge.»

*Mère indigne* — Génial. Merci.

*Sœur indigne* — C'est tout naturel.

*Mère indigne* — Non, sérieusement, je suis bien prête à croire que Bébé est dans sa pré-adolesc-

*Bébé* — NOOOOON!!! Moi lé PAS dans la p'éadolesse, BON! Moi z'a le DROIT! Moi z'a BESOIIIIN!

*Mère indigne* — Enfin, tu vois ce que je veux dire. Mais Fille aînée?

*Sœur indigne* — T'aurais dû voir ça. C'était super mignon. Quand je lui ai annoncé la bonne nouvelle, elle s'est plantée devant le miroir et a déclaré d'un air extrêmement satisfait: «Aujourd'hui, je suis devenue une pré-adolescente.»

*Mère indigne* — Le pouvoir des mots. Qu'est-ce qu'elle a fait ensuite? Elle est allée se faire tatouer le nom de son moniteur de camp de jour sur la fesse gauche?

*Sœur indigne* — En fait, elle a continué à jouer aux petits bonhommes de princesse avec sa cousine.

*Mère indigne* — Voyez-vous ça. En plus, ça se déclare pré-ado, mais ça croit encore au père Noël.

*Sœur indigne* — Et à la fée des dents, non ?

*Mère indigne* — Sans parler du lapin de Pâques. Je t'ai déjà parlé de ma grande crainte ? J'ai peur que le moment où elle va frencher un gars pour la première fois chevauche sa période « je crois encore au père Noël ». Et pas nécessairement parce qu'elle va être précoce sur les frenchs.

*Sœur indigne* — Moi, ta fille, je pense qu'un gars qui va vouloir la frencher, ça va être super facile.

*Mère indigne* — Arrête ! Comment ça ??

*Sœur indigne* — Il va seulement avoir à lui demander « Savais-tu que le génie de la langue apparaît si on les frotte ensemble ? »

*Mère indigne* — …

*Sœur indigne* — (Cligne, cligne.)

*Mère indigne* — En tout cas, j'en connais une que la fée Tais-Toi-Bordel s'est pas penchée sur son berceau quand elle était bébé.

*Sœur indigne* — Gnac, gnac.

## Ville (Lumières)

Père indigne et moi, nous sommes présentement en voyage mi-affaires mi-plaisir dans une petite ville reculée mais qui possède néanmoins un certain charme rustique. Attendez, je vérifie le nom; ah, voilà. Paris. Vous connaissez peut-être? C'est dans la lointaine banlieue de Laval.

Pour ce faire, nous avons dû nous résoudre à confier nos deux filles aux soins de Sœur indigne et de Beauf' adoré. Vous vous imaginez? Pour quelques jours, Sœur indigne et Beauf' adoré auront quatre enfants! Quatre! Père indigne et moi, on imagine la situation, et on en a des crampes d'angoisse. Mais non, voyons, qu'est-ce que je dis là, moi. Pas d'angoisse, de rires.

(En passant, j'ai été frappée par le calme qui règne dans les aéroports de nos jours. On se balade, on mange, on prend un pot au bar, sans aucun stress! Ah oui, c'est vrai, je n'avais pas les enfants.)

Enfin bref, j'ai reçu tout à l'heure ce courriel de Sœur indigne que j'ai cru bon de partager avec vous.

**À : Mère indigne**
**De : Sœur indigne**
**Sujet : Voir la lumière**

Chers vacanciers,
Nous sommes sortis après souper avec les Fantastic 4 voir les lumières de Noël sur la rue du Coteau.

Question : « Les filles, quelle est votre couleur de lumière préférée ? »

Réponses :

Nièce adorée — Bleu.
Petite Nièce atomique — Vert.
Fille aînée — Rouge.
Bébé (avec beaucoup d'enthousiasme) — BRUN !
Cela dit, on s'amuse follement. Les filles sont d'humeur festive.
Signé : Sœur indigne prête pour un apéro

Quand Sœur indigne dit que les filles sont d'humeur festive, j'imagine, non, je sais que ça doit y aller très fort sur les bricolages des fêtes dans sa chaumière. Mais Sœur indigne, elle aime ça, le bricolage. Elle a même, chez elle, autre chose pour en faire que du papier construction et un gros sac de boules d'ouate. J'avais acheté ces boules la fois où Fille aînée a fait une otite, il y a cinq ans. Un sac énorme, tellement je croyais qu'elle allait y rester si je ne lui bourrais pas les oreilles avec. J'en ai finalement utilisé trois ou quatre, au plus, mais côté bricolage ce fut un bon investissement. Pour faire la barbe et les roustons du père Noël, c'est d'un chic !

Bref.

Des lumières brunes.

Je vois déjà Bébé plus tard. « Je pense que je vois la lumière au bout du tunnel. C'est beau, c'est tout brun, ça me rappelle Noël. »

Dans le jargon technique, je crois qu'on appelle ça une phrase anale.

# Inédit
# Bébé ne répond plus

À : Mère indigne
De : Sœur indigne
Sujet : Pâtes problèmes

Chers vacanciers,
Bébé m'a fait une de ces peurs ! Ça s'est passé ce soir, lors du repas. Tout ce que je voulais, c'est savoir si elle reprendrait des pâtes.

*Sœur indigne* — Bébé, tu veux encore des pâtes ?
*Bébé* – (Silence.)
*Sœur indigne* — Bébé ? Ça va, les pâtes ? J'en remets dans ton assiette ?
*Bébé* — (Silence.)
*Sœur indigne* — Bébé ! Youhou ! Toi vouloir encore délicieuses pâtes de tantine pour mettre dans joli petit bedon affamé ?
*Bébé* — (Regarde ailleurs. Ne souffle toujours mot.)

Je te jure, toute la tablée croulait sous le suspense, sauf Fille aînée qui avait l'air d'en avoir vu d'autres. Moi, je t'avoue, j'ai cru que ta plus jeune avait déjà besoin de prothèses auditives. Je me voyais à ton retour, t'annonçant la nouvelle, blâmant ta détestable habitude de lui faire écouter du Plastic Bertrand à la moindre provocation. En désespoir de cause, j'ai choisi l'approche directe.

*Sœur indigne* — Hum. Euh, Bébé ? Tu vas me répondre un jour, oui ou non ?
*Bébé* — Non.

Bref, ta fille n'a absolument pas besoin de prothèses auditives. Mais les adultes autour d'elle ont, eux, ressenti un besoin urgent de digestif.

## Pour en finir avec le bricolage[*]

Moi, je dois vous dire franchement, en tant que parent, je ne crois plus tellement à l'art.

C'est pas que je ne trouve pas de mérite aux toiles de Picasso ou de Monet. C'est juste que je ne peux pas voir une de leurs toiles sans penser à ce qu'ils ont dû faire endurer à leurs parents quand ils étaient petits, côté bricolage.

Parce que moi, je déteste le bricolage.

En fait, non, je ne déteste pas le bricolage. Ce que je ne peux pas supporter, c'est qu'on fasse faire du bricolage aux enfants pour les mauvaises raisons. Est-ce que quelqu'un parmi vous croit réellement que jouer avec de la colle, du papier journal chiffonné et des boules de ouate aide à développer chez les enfants leur sens artistique? Mettons quelque chose au clair: des rouleaux de papier de toilette et des boîtes d'œufs vides, ce n'est pas artistique.

C'est laid.

Si votre enfant vous demande s'il peut faire du bricolage avec le contenu du bac à recyclage, dites NON! Parce que non seulement rien ne ressemble plus à un rouleau de papier de toilette vide qu'un bricolage fait en rouleau de papier de toilette vide, mais en plus, comme les fameux rouleaux de papier de toilette auront, dans la tête de votre artiste en herbe, accédé au statut d'ART, ce sera ensuite impossible pour vous de remettre le bricolage à l'endroit qui lui convient, c'est-à-dire dans le bac

---

[*] Chronique radiophonique diffusée le 1er mars 2008 à l'émission *Nulle part ailleurs*, Radio-Canada, Sudbury.

à recyclage. Vous devrez laisser traîner, pardon, trôner ces œuvres dans les rayons de votre bibliothèque et vos amis riront de votre bordel dans votre dos pendant des années.

Mais, me répliqueront certains idéalistes qui ne se sont pas encore reproduits, peut-être que le bricolage sert à développer la dextérité des tout-petits ? Peut-être que découper du carton ou jouer avec de la pâte à modeler prépare en fait nos enfants à gagner leur vie en faisant de vrais métiers, comme chirurgien ou réparateur de nids-de-poule ?

Je vais vous dire une chose, messieurs-dames qui n'y connaissez rien aux enfants, au bricolage et à leurs périls combinés : ce genre d'activité développe certes l'habileté manuelle, mais pas celle des enfants, non. Celle des parents. Et quand on est un parent qui se démène pour terminer le souper, se faire demander : « Maman, qu'est-ce que ça veut dire "Colle les cercles l'un au-dessus de l'autre en faisant coïncider les pliures" ? », ça… comment dire… ça nous fait vraiment rêver à un monde sans papier de construction.

Mettons les choses au clair : quand vous voulez faire un cadeau à votre nièce de 7 ans et que c'est écrit sur la boîte : « Magnifique chat 3D à assembler, 153 morceaux, 8 ans et plus, assistance parentale peut être requise », vous n'achetez pas. Vous. N'achetez. Pas. Bien sûr, votre nièce deviendrait votre amie pour la vie. Mais vous brûleriez aussi tous les ponts entre vous et ses parents, c'est-à-dire les personnes qui comptent vraiment. Car ce sont nous, et pas les enfants, qui avons le pouvoir de vous inviter à souper ou de vous prêter de l'argent.

La grande différence entre nous et les enfants, c'est que les enfants, ils veulent avoir leur chat 3D mais ils ne sont pas capables de le faire. Nous, les parents, on est capables de faire coïncider les pliures, mais on n'en a rien à cirer du chat 3D. On a d'ailleurs remarqué son air vaguement hébété d'animal dont les parties intimes ont été éparpillées dans une boîte et portent maintenant les numéros 12, 34 et 126. Et on n'en veut pas sur les tablettes de notre bibliothèque.

Oubliez le sens artistique et la dextérité. La seule et unique bonne raison pour mettre un pinceau dans la main d'un enfant, c'est que ça nous libère un quinze minutes pour finir notre roman policier ou nous servir un apéro.

Et comprendre ça, c'est s'ouvrir à une toute nouvelle manière d'aborder le bricolage. Puisque le vrai objectif est désormais de gagner du temps, on ne se casse plus la tête à trouver des endroits propices à faire sécher les peintures hideuses de Junior. On les empile plutôt les unes par-dessus les autres, encore humides des envolées van goghiennes de notre progéniture, afin qu'elles sèchent en petits tas pratiques, jetables à la poubelle en une seule étape facile. (Enfin, en deux étapes : car il faut en plus enterrer les dessins sous les pelures de pommes de terre, pour ne pas que Junior tombe dessus en jetant sa gomme et nous fasse sa crise de l'artiste incompris.)

De même, lorsque, avec sa gouache ultra-lavable, Bébé peinture sur la table plutôt que sur la feuille, on n'intervient pas. Tant qu'on a la paix pendant quinze minutes, on laisse faire la nature. *Idem* si Bébé décide de se tatouer le corps avec ses crayons-feutres non toxiques. Elle s'amuse, alors profitons-en pour chiper quelques barres Mars dans le fond de son sac d'Halloween. Veillons tout de même à ce que notre enfant ne se colore pas le dedans des yeux avec son marqueur de teinte asperge. Voir son bébé pleurer vert pendant dix minutes, c'est tout de même un peu culpabilisant, et ça nous empêche de profiter pleinement de sa dernière mini KitKat.

Certains m'accuseront de n'avoir aucune limite, allant jusqu'à dire que je n'interviendrais pas si Junior mangeait ses crayons, pourvu que je puisse terminer mon Sudoku tranquille. Alors là, je dis non. Si Junior grignote le matériel, il faut en racheter, et ça coûte quand même cher, ces cochonneries.

Enfin, tout ça pour dire que je n'ai absolument rien contre Monet et Picasso. À la limite, je serais même prête à accrocher une ou deux de leurs toiles chez moi, pourquoi pas ? Mais qu'on ne vienne pas reprocher à maman Picasso d'avoir jeté les bricolages de son fils quand il était petit. Si elle les avait gardés, les amis de monsieur et madame Picasso auraient ri de leur bordel dans leur dos pendant des années. Et Picasso aurait peut-être pensé que c'était joli, des mobiles faits en rouleaux de papier de toilette et, à cause de cette sale manie, il n'aurait jamais connu le succès.

Sur ce, vous m'excuserez, mais y'a la petite qui s'apprête à se faire une teinture capillaire bleue avec sa peinture à doigts... le moment idéal pour moi d'aller me bricoler un petit gin tonic.

## Inédit
### Fais dodo, mon petit hamster

Sœur indigne et Beauf' adoré ont pris une semaine de vacances. Ils sont un peu fous, ces deux-là ; ils ont décidé d'amener les enfants avec eux. Vu qu'il fallait bien qu'ils nous donnent une tâche quelconque, pour se venger de notre visite à Paris, ils nous ont laissé leur hamster, une jolie petite rousse qui s'appelle Léa.

Ou Dora, ou Bianca, ou Empenada, ou Casablanca. Ou... Kèssquejensémoi ! Vous savez, c'est compliqué de retenir le nom des animaux pour lesquels on n'éprouve aucune sympathie. Par exemple, ça doit bien faire quatre ans qu'on se connaît, moi et la grande brune pulpeuse aux cheveux ondulés qui travaille (toujours en chaussures à hauts talons) dans la même entreprise que Père indigne, et du diable si je sais comment elle s'appelle !

Bref, je n'arrive jamais à me souvenir du nom de ce fichu hamster, alors je l'appelle Anastasia. C'est compliqué à dire, ce qui fait que c'est plus facile de refuser à Bébé le privilège de la prendre dans ses petites menottes.

*Bébé* — Maman, moi veux prendre Anat..., non, Astan..., non, Amanastanésia !

*Mère indigne* — Je ne vois pas de qui tu parles, chérie.

J'ai l'air dure, comme ça, mais soit je joue les méchantes idiotes, soit Bébé prend le hamster et l'étouffe lentement et dans l'allégresse avec ses petites menottes de *serial killeuse*. Ce n'est pas que j'aime vraiment ce hamster qui ne tardera pas à me réveiller la nuit avec ses exercices de marathonien compulsif.

(D'ailleurs, tiens, appelons-le donc Morora, par pure méchanceté.) Mais je ne souhaite quand même pas sa mort.

Et puis, Sœur indigne et Beauf' adoré nous ont rendu nos filles en parfaite santé, la dernière fois, je me sens comme une obligation de faire attention.

Enfin, je me *sentais* une obligation.

Parce que, l'autre jour, ça a un peu changé.

*Bébé* — Maman, moi veux prendre Anat..., non, Astan..., non, ANASTASIA!

Flûte.

*Mère indigne* — Je ne vois pas de qui tu parles, chérie. La chose, là, avec des poils, enfin, le hamster, il s'appelle Morora.

*Bébé* — Moi, veux prendre Mororaaaaa. Z'a bezoin. Z'a...

*Mère indigne* — Non, tu n'as pas le *droit* de prendre Morora et de la serrer dans tes petites menottes jusqu'à ce qu'elle y laisse son dernier souffle de vie. Et d'abord, regarde : Morora semble dormir très profondément.

(Ça, c'est parce que Morora a un instinct de survie extraordinairement aiguisé. Avant de partir, Sœur indigne m'a confié que la petite bête était, en effet, un peu méfiante envers les enfants. « Dès qu'elle voit Nièce atomique arriver, elle se met en boule et fait le mort. » Avec Bébé, je crois même qu'elle se met à ronfler.)

*Bébé* — Moi veux prendre Morora.

*Mère indigne* — Mais elle fait dodo! Écoute, mon amour... On dirait même qu'elle ronfle. Et de toute manière, il faut s'habiller pour aller à la garderie, et ça presse. Maman est déjà en retard.

*Bébé* — Non, moi veux prendre Morora.

*Mère indigne* — Allez, chérie. Mets ta culotte... Non, pas sur ta tête, sur tes-

*Bébé* — Non, moi veux prendre Morora.

*Mère indigne* — Attends, regarde, lève ta jamb–

*Bébé* — NON, moi veux prendre Mororaaaaaaaaaaa-aaAAAAAAAAAHHHHHH!

*Mère indigne* — Bon, écoute. Si tu prends Morora, vas-tu t'habiller ensuite sans rechigner?

*Bébé* — Oui.

*Mère indigne* — C'est promis?

*Bébé, qui maîtrise déjà expertement l'art de la négociation* — P'omis.

*Mère indigne* — OK alors, tiens. Mais seulement dix secondes, pour ne pas l'assass- pour ne pas trop la déranger.

Je soulève doucement Morora. La pauvre créature me regarde de ses deux petites billes noires, avec un étonnement mêlé de tristesse et de dégoût; je l'entends presque murmurer «vile traîtresse» alors que Bébé la saisit et commence à mettre en pratique la manœuvre d'Eimlich sur la pauvre bête qui ne s'est même jamais étouffée avec une croquette.

Dix secondes.

*Mère indigne* — Voilà, chérie. Tu as pris Morora. Maintenant, tu t'habilles.

*Bébé* — Oui.

Et elle le fit.

Incroyable.

Plus tard dans la journée, je tentai une nouvelle fois de protéger Morora mais, je l'avoue, ce fut avec un peu moins de conviction.

*Bébé* — Moi veux prendre Morora.

*Mère indigne* — Mais noooon, chérie! Tu l'as déjà prise ce matin, et puis elle dort – écoute-la ronfler! –, de toute manière, on va manger, alors ce n'est pas le temps de prendre Morora mais d'aller te laver les mains.

*Bébé* — Non. Moi veux pas laver mes mains. Moi veux prendre Morora.

*Mère indigne, qu'on dira ce qu'on voudra mais elle apprend rapidement* — Si tu prends Morora, tu voudras bien te laver les mains ensuite ?

*Bébé* — Oui. P'omis.

*Mère indigne* — Dix secondes.

Et le miracle se produisit à nouveau.

Je dus me rendre à l'évidence : Morora faisait un superbe aidant naturel. Ne serait-il pas idiot de me priver de ses services dans des circonstances aussi déterminantes de la vie ? Et puis dix secondes, après tout, c'est très court. Morora devrait savoir que dans la vie, en général, on supporte des choses pires que ça et pendant beaucoup plus longtemps : remplir sa déclaration d'impôts, patienter avant que le Monistat fasse effet, attendre que nos seins remontent après l'accouchement... Tiens, parfois, on peut même attendre et attendre sans que ce qu'on souhaite n'arrive jamais. Bref, le sort de Morora ne m'apparaissait pas si cruel.

*Ainsi donc, plus tard...*

*Mère indigne* — Bébé, c'est l'heure de te brosser les dents.

*Bébé* — Moi veux prendre Morora.

*Mère indigne* — Et après tu... ?

*Bébé* — Oui. P'omis.

*Mère indigne* — Dix secondes.

*Encore plus tard...*

*Mère indigne* — Bébé, c'est l'heure du dodo.

*Bébé* — Moi veux-

*Mère indigne, lui tendant un petit paquet de poils tétanisé —* Tiens.

*Bébé —* Oui-p'omis-dix secondes.

Morora, qui apprenait également très vite, avait depuis longtemps cessé de faire seulement semblant de ronfler et tentait maintenant de se camoufler sous les copeaux de bois qui tapissaient sa cage. Mais Bébé, véritable œil de lynx, arrivait toujours à la repérer. Malgré sa détresse mentale, Morora restait tout de même en très bonne forme physique. Comme prévu, elle se défonçait la nuit dans sa grande roue et, qui plus est, elle mangeait comme dix. Espérait réussir à se faire aussi grosse que le bœuf pour me faire subir, à mon tour, quelque dix secondes de sport extrême? Ça ne réussirait jamais, ce n'est qu'une fable, mais si me faire jouer le rôle de la victime dans ses sanglants fantasmes de vengeance pouvait aider psychologiquement Morora, j'étais d'accord.

Sa semaine de vacances terminée, Sœur indigne est finalement revenue chercher sa petite bête.

*Sœur indigne, jetant un coup d'œil dans la cage —* Où est le hamster?

(Sœur indigne non plus n'aime pas tellement ces machins. Moi, ça m'avait pris une demi-heure à oublier le nom de Morora, imaginez une semaine...)

*Mère indigne —* Morora? Tiens, c'est fou, où peut-elle bien... Ah! La voilà! Oh, comme c'est étrange, on dirait qu'elle s'est fabriqué une couverture en copeaux...

*Sœur indigne —* Bizarre. On dirait même qu'elle ronfle. C'est fou, d'habitude, à cette heure-ci, elle se promène partout dans sa cage.

*Mère indigne —* Hum. Elle a peut-être besoin de sommeil? Sérieusement, elle a été comme ça une bonne partie de la semaine. Je... Je pense qu'elle est dans sa préadolescence. On dort beaucoup, à la préadolescence.

*Sœur indigne, d'un ton étrangement incrédule* — Dans sa *préadolescence*.

*Mère indigne* — Euh, enfin, oui... L'autre jour, elle s'est comme plantée devant son petit miroir et j'aurais pu jurer qu'elle murmurait «je suis devenue une pré-ado...»

*Sœur indigne, après un moment de silence* — Une chance qu'on ne vous a pas laissé les filles.

*Épilogue*: Je n'ai plus jamais revu Morora. Semble-t-il qu'elle s'est un jour enfuie de sa cage pour aller retrouver Bianca à Casablanca afin de vivre d'amour et d'empenadas. Adieu, Morora. Peut-être, un jour, au hasard d'une escapade marocaine, je reconnaîtrai ton ronflement et te retrouverai, roulée en boule, camouflée dans la poussière d'une rue inconnue aux parfums exotiques d'empenadas? Et peut-être qu'alors je pourrai t'expliquer, et nous pourrons nous réconcilier? Non? T'es sûre?

Pffff.

Pas étonnant que je déteste les hamsters. Il n'y a pas plus rancunier comme bestiole.

# Chapitre 7
## Comment se servir des enfants comme prétexte pour parler de sexe

L'ordre dans lequel Caroline Allard a disposé ses catégories donne un bon aperçu du message qu'elle souhaite transmettre dans ses *Chroniques*. Que le premier chapitre traite de la personnalité de Mère indigne, cela va de soi; on la sait trop narcissique pour se reléguer au second plan. Mais le sexe n'est évoqué que dans le tout dernier titre de chapitre. Une telle observation impose deux conclusions: d'abord, cela relativise l'importance accordée au sexe dans l'œuvre de Caroline Allard, ensuite, il nous faudrait peut-être plaindre Père indigne.

Éric Vignola, *Le destin d'une littérature: de L'Art poétique au zizi-pénis*, p. 47.

Pères indignes de ce monde, unissons-nous! « C'est la dure lutte finale... »

Père indigne

Chéri, t'es vraiment le meilleur en jeux de mots cryptiques et douteux...

Mère indigne

# Exhibitionnouille

L'autre jour, Père indigne a acheté une webcam. Strictement à caractère familial, je vous rassure tout de suite. C'est pour que sa mère puisse, de la Belgique, voir ses petites-filles pendant qu'elles lui parlent au téléphone.

Mais bon, une webcam. Il y a quand même tout un folklore rattaché aux webcams, non ? En tout cas, dans ma tête, il y en a un.

Alors quand Père indigne a mis le programme de la webcam en réseau sur les deux ordis de la maison (c'est-à-dire qu'on pouvait voir sur le second ordinateur les pitreries faites devant le premier), je n'ai pas pu résister. J'ai voulu faire une blague.

En fait, j'ai fait une connerie.

Père indigne a appelé Fille aînée pour qu'elle puisse venir admirer sa mère (*yours truly*) sur l'écran. Avant que Fille aînée n'arrive, j'étais persuadée que j'avais le temps de flasher mes œufs sur le plat, euh, je veux dire mes appétissants melons d'eau, à Père indigne par le truchement de la webcam. Ben quoi, c'est ça qu'on fait avec une webcam, non ?

Sauf que Fille aînée était vraiment tout près.

*Fille aînée* — Hiiiiiiiiiiiiiiiiiiiiii !
*Père indigne* — Chérie, on a tout vu.
*Mère indigne* — Euh, quand tu dis « on »… ?
*Fille aînée* — Hiiiiiiiiiiiiiiiiiiiiii ! Maman, on a vu tes seins-seins !

*Père indigne, fixant sa femme par écran interposé* — Si jamais il y a quelqu'un qui s'amuse avec la webcam quand elle sera ado, tu t'arranges avec.

## Raviver la flamme, un fantasme à la fois

Les filles, faut que je vous dise.
Ce soir, je vais réaliser un fantasme de Père indigne.

Ce n'est pas rien, vous savez. Encore faut-il savoir que l'autre en a, des fantasmes, et, si oui, lesquels. Moi, par exemple, si on me demande si j'ai des fantasmes, je dis « *No sir*, pas pantoute! Moi, des fantasmes? Oh, que non. Que du mépris pour ces séances parsemées d'uniformes de policier, de cuisinier, de voleur, de sa femme ou de son amant. Un t-shirt troué me suffit pour atteindre l'extase (surtout si c'est moi qui le porte) ». Ouais, si on me demande si j'ai des fantasmes, c'est ça que je réponds. Et il faudrait vraiment avoir de la finesse pour me tirer les vrais vers du nez et me faire avouer de quelconques rêveries torrides impliquant les deux Bob (le bricoleur et l'éponge), et Tinky Winky qui filme le tout avec sa webcam.

Bref, tout ça pour dire que Père indigne en a, des fantasmes, mais pour les réaliser, encore fallait-il que je les connaisse. Et que je ne les aie pas déjà réalisés! Car rien ne sert de se cacher la tête dans le tiroir à slips: après 11 ans de vie commune, on a parfois l'impression d'avoir fait le tour. Tourniquet islandais: tchèck. Marinade tériaki: tchèck. Rififi martien, exploration sous-marine, prise du yéti: fait, fait et même, dans certains cas que la pudeur m'empêche de préciser, refait.

Vous pouvez donc vous imaginer ma joie, aujourd'hui, quand j'ai eu la certitude que j'allais non seulement surprendre, mais encore ravir mon mari avec un de ces trucs auquel moi seule aie l'audace de songer.

Vous voyez, Père indigne se plaint toujours qu'on ne trouve que des chaussettes dépareillées dans les tiroirs des filles. Parfois même, il lui arrive de s'écrier, la rage au ventre : « Ah, quand donc viendra le jour où elles n'auront que des chaussettes pareilles ? » Alors aujourd'hui, quand je suis tombée sur les soldes chez Sears, mon cœur d'épouse a bondi : je pouvais réaliser le fantasme de chaussettes de mon mari adoré !

Je n'ai fait ni une, ni deux, ni même trois ou huit. J'ai plutôt acheté DOUZE paires de chaussettes i-den-ti-ques ! Six pour Fille aînée et six pour Bébé. Quelle hardiesse dans l'innovation ! Quelle insolence dans la bravoure ! Oui, j'avais conscience de repousser sans vergogne les limites de la décence. Mais je devais le faire. Pour mon couple.

Je me suis dirigée vers la caisse en essayant tant bien que mal de camoufler mes appétits de luxure, mais la caissière, qui a dû en voir d'autres, m'a regardé d'un air complice. Je compris qu'elle avait percé à jour mes intentions coquines. Qu'à cela ne tienne ! J'ai assumé.

Et pour couronner le tout, les chaussettes, vous savez c'était combien la paire ? Soixante-neuf sous. Ça ne s'invente pas.

Ah, ça, Père indigne, quand il va plier les vêtements ce soir, il va être fou de joie.

## On n'apprend pas à une maman singe...

Vous aurez beau dire ce que vous voulez, bande de coquines, je vous connais.

On vaque à ses occupations de mère au foyer, on a l'air de ne penser qu'aux purées bios et aux couches à changer, mais, dans le fond du soutien-gorge d'allaitement, on ne rêve que d'une chose : parler de sexe ! (Attention hein. J'ai bien dit « parler ». Parce que « faire », non. Jamais. Hum.)

Alors je me suis dit, comme ça, pourquoi ne pas aller leur titiller un peu la glande du Jean-Louis aujourd'hui ? Mais sans vous parler de Jean-Louis, hein. Oh, que non.

Ne vous inquiétez pas pour Jean-Louis, mesdames. Il va bien. Très bien. Mais, entre nous deux, c'est fini. Je n'ai pas eu le choix de rompre : il a offert un slip transparent à Père indigne pour ses 40 ans. Et plus tard, dans l'intimité, Père indigne, au lieu de le brûler (le slip, pas Jean-Louis) sur l'autel de l'hétérosexualité aveugle, a eu l'audace de l'enfiler (le slip, hein, pas...). Le pire fou rire que j'ai eu de ma vie pendant les préliminaires. Ça a failli tout faire rater. Alors voilà. *Exit* Jean-Louis.

Mais ne dit-on pas « Le roi est mort, vive le roi ? » Parce que, mesdames, il faut que je vous présente Jean-Jules.

Jean-Jules, c'est un vieil ami. Le genre d'ami qui, au lieu de se mettre tranquillement en ménage et de faire des gentils enfants comme le font les gens les plus intelligents de la planète (nous, par exemple), continue à vivre une vie de dégénéré dans un célibat éclaté et jouissif. Euh, je veux dire, un célibat morne et triste, hein. Comme le sont tous les célibats, n'est-ce pas ? Ouais, enfin bref. Jean-Jules.

Il se croit très fort, le Jean-Jules, avec ses trente-huit maîtresses dans chaque ville du monde et ses occasionnelles escapades dans des endroits sombres où l'on peut se faire faire des guilis-guilis par plus de dix doigts à la fois (pour moi qui suis horriblement chatouilleuse, un véritable cauchemar).

Il se croit fort, mais il y en a des bien plus fortes que lui. J'ai nommé : les mères de famille. À preuve, cette conversation que nous avons eue la semaine dernière, chez lui, lors de la pause-lunch d'une réunion de travail. Si si, de travail.

*Jean-Jules, entre deux bouchées de patates pilées* — Tu sais pas quoi, l'autre jour, j'ai parlé à une nana dans un bar. Une habituée des clubs échangistes. Et là...

*Mère indigne* — Mon Dieu ! Tu me fais penser. Faut absolument faire la pige pour les échanges de cadeaux de Noël. Ça s'en vient tellement vite. Bordel.

*Jean-Jules* — Allô ? Tu m'écoutes ? Clubs échangistes ?

*Mère indigne* — Euh... Oui, oui, je... c'est justement ça que je voulais dire par « bordel ».

*Jean-Jules* — Ouain. Bon, bref, j'ai parlé avec une nana dont le rêve était de se faire prendre par deux gars en même temps, au même endroit !

*Mère indigne* — Dans le club échangiste ?

*Jean-Jules* — Hein ?

*Mère indigne* — Quand tu dis « au même endroit », tu veux dire dans le club échangiste ?

*Jean-Jules* — (Soupir.) Oui, dans le club échangiste, mais aussi AU MÊME ENDROIT. Même. Endroit.

*Mère indigne* — Même endroit, même endroit. La zézette, genre ?

*Jean-Jules* — La quoi?

*Mère indigne* — La zézette. C'est le petit mot gentil qu'on a trouvé avec les filles pour dire vag-

*Jean-Jules* — OUI! C'est ÇA. Bravo.

*Mère indigne* — C'est gagné! We did it! Hourra!

*Jean-Jules* — Euh... oui, c'est ça. You did it. Deux dans un. Peux-tu croire ça?

*Mère indigne, se resservant de la salade* — Ouais.

*Jean-Jules* — T'as pas l'air impressionnée.

*Mère indigne* — Ben non. Pourquoi?

*Jean-Jules* — La Terre appelle la Lune? Deux dans un? Même dans les films pornos, j'ai rarement vu ça.

*Mère indigne, déposant délicatement son couteau au bord de l'assiette* — Écoute, mon petit poussin. Moi, j'ai des BÉBÉS qui sont passés par là. Deux. La madame, elle sait ce que c'est, avoir du gros trafic sur l'autoroute. C'est pas deux baguettes, aussi magiques soient-elles, qui vont épater une parturiente expérimentée.

*Jean-Jules, un peu mélangé entre les métaphores de circulation et de sorcellerie* — Ouais, ouais, bon. Quoi qu'il en soit, cette femme-là, elle m'a aussi dit qu'elle était super soumise.

*Mère indigne* — Oh. Une soumise de nuit.

*Jean-Jules* — ???

*Mère indigne* — Soumise de nuit, chemise de nuit... Prrfff... Non? C'est pas drôle? Je suis sûre que Père indigne l'aimerait, pourtant...

*Jean-Jules, les yeux levés vers le ciel* — Si tu pouvais arrêter de niaiser, je pourrais te dire que ce qui la branchait vraiment, mais alors là incroyablement, c'était de se faire mettre la tête dans...

*Mère indigne, véritablement inquiète* — Pas dans le bol de toilettes ?

*Jean-Jules, lâchant sa fourchette* — Dans le… ? Ben là, franchement ! J'essaie de créer du suspense, moi, et toi tu me parles de bol de toilettes ! Comment veux-tu que je dépasse ça ? T'es pas très cool.

*Mère indigne, d'un air désolé* — C'est parce que Bébé a jeté sa poupée dans les toilettes l'autre jour pour lui montrer qui était le vrai patron, et heureusement elle n'a pas tiré la chasse, mais là, la tête de la poupée a rétréci dans la sécheuse et… en tout cas. Ton histoire, ça m'a fait penser à ça.

*Jean-Jules* — …

*Mère indigne* — Encore un peu de poulet ? Patates pilées ?

*Jean-Jules* — Oui. Oui. Merci. (Soupir.) C'était dans un oreiller. Qu'elle voulait mettre sa tête. La fille au bar.

*Mère indigne* — Ah, bon. C'est vrai que, pour le punch, c'est un peu raté. Désolée.

Un silence. Puis :

*Jean-Jules, regardant Mère indigne d'un air sournois* — Tu sais, j'ai toujours pensé que tu ferais une superbe soumise.

Mère indigne avale la dernière bouchée de sa salade. Va mettre sous clé tout objet dont elle pourrait faire un usage abusif dans les prochaines minutes pour le regretter par la suite (couteau, fourchette, talons aiguilles, scie ronde). Puis :

*Mère indigne* — Jean-Jules, la soumise, elle a deux enfants, tu te souviens ?

*Jean-Jules, l'air inquiet* — Voui.

*Mère indigne* — Alors tu sais ce qu'elle te dit, la soumise ? Elle te dit de terminer ta viande et tes patates pilées. TU ME NETTOIES CETTE ASSIETTE. IMMÉDIATEMENT. Ensuite, tu me débarrasses la table. Et finalement, tu vas réfléchir dans ta chambre. Pendant une demi-heure, le temps de te calmer. Après ça seulement, tu auras la permission de revenir ici. Tu devras alors m'expliquer EN DÉTAILS pourquoi tu as été puni et quelles leçons tu en as tiré. Compris ?

*Jean-Jules, fixant le sol* — Voui.

*Mère indigne* — Voui QUI ?

*Jean-Jules* — Voui... Madame ?

*Mère indigne* — Voilà. Bien. Très bien. Et ensuite, tu me raccompagnes à la maison. Il y a du ménage à faire.

## Mère indigne sur la corde raide
### (une fiction dindo-masochiste)

*Mère indigne* — C'est super que tu aies pu te libérer pour venir prendre un café à la maison. Avec les fêtes de famille, et tout…

*Copine indigne* — Je me suis dit que, comme t'étais toute seule avec les deux petites…

*Mère indigne* — M'en parle pas. Je suis au bord du précipice mental. Je reçois la famille avec de la dinde ce soir, et Père indigne a décidé de prendre une petite journée de vacances. « Mais on EST en vacances, chéri », que je lui ai dit.

*Copine indigne* — Un argument de taille. Mais il est parti quand même ?

*Mère indigne* — Ouais, ben c'est parce que moi, je m'en suis pris deux jours de vacances depuis le début des vacances.

*Copine indigne* — T'as brûlé tes cartouches, ma vieille. Moi, je suis plus maligne. Je triche.

*Mère indigne* — Comment ça ?

*Copine indigne* — Ben, je dis que j'ai des courses urgentes à faire, et ensuite, au lieu de rentrer, je vais prendre un café chez une copine accueillante…

*Mère indigne* — Wouah ! T'es géniale. Je me demande si je pourrais partir comme ça un après-midi et faire un voyage au Mexique en catimini ? J'essaie de convaincre Père indigne d'acheter un forfait, mais il tient à ce qu'on attende d'avoir remboursé les dépenses des fêtes. Dieu sait pourquoi.

*Copine indigne* — Oui, bon, c'est pas tout ça, le soleil et la plage. J'ai quelque chose d'encore plus intéressant à te montrer.

Copine indigne met sous le nez de Mère indigne un petit sac de plastique.

*Mère indigne* — Fabricville ? Tu t'es mise à la couture ?

*Copine indigne* — Non. Je... Enfin... J'ai acheté de la corde.

*Mère indigne* — T'es sérieuse ? T'en as pas mal ? Je suis justement en manque de ficelle pour la dinde de ce soir...

*Copine indigne* — Non, non. Ce n'est pas pour de l'alimentaire.

*Mère indigne* — Mon Dieu... Tes enfants sont si insupportables ?

*Copine indigne* — Mais non ! Pas pour les enfants, franchement ! C'est Copain indigne qui... enfin, il veut expérimenter.

*Mère indigne* — Expé... Non.

*Copine indigne* — Voui.

*Mère indigne* — Attends. Attends. Je suis sous le choc.

*Copine indigne* — Ben là, tu m'énerves. T'en as pas, toi, des fantasmes ?

*Mère indigne* — Partir au Mexique ?

*Copine indigne* — Je parle de vrais fantasmes. De trucs qui impliqueraient des pompiers et des tuyaux, des dompteurs et des tigresses sauvages, des cowboys et des lassos, Dora et Chippeur, ce genre de truc...

*Mère indigne* — Ben, une fois, j'ai proposé à Père indigne de jouer à la Belle au bois dormant. Moi, j'aurais été la Belle, endormie...

*Copine indigne* — Et Père indigne aurait été le prince charmant qui t'aurait éveillé d'un doux baiser sur la-

*Mère indigne* — Non, non, justement ! Père indigne aurait été un malappris qui se serait introduit par effraction dans le château et aurait profité, tsé veut dire genre, de la Belle, sans que jamais elle ne se réveille !

*Copine indigne* — ...

*Mère indigne* — Tu comprends ? Elle ne se réveille pas, parce que c'est pas le vrai prince !

*Copine indigne* — ...

*Mère indigne* — J'étais crevée ce soir-là.

*Copine indigne* — Bon. En tout cas. T'essaieras d'aller acheter pour 90 pieds de corde...

*Mère indigne* — Quatre-vingt-dix pieds ??

*Copine indigne* — C'est beaucoup, mais on sait jamais... En tout cas, quand la vendeuse m'a demandé si elle pouvait me conseiller, j'ai complètement figé.

*Mère indigne* — T'aurais dû lui dire que c'était pour ficeler une belle grosse dindonne...

*Copine indigne* — Ah, ah, ah. J'ai dit que c'était pour ma fille, pour un jeu de cour de récré...

*Mère indigne* — La tag-bisou, sauf qu'on ne peut pas courir, on sautille ?

*Copine indigne* — T'es conne. En tout cas, je lui ai dit que j'en prenais beaucoup parce que, comme ça, Fifille en aurait pour plus longtemps et que je ne devrais pas revenir à tout bout de champ. Elle m'a dit que c'était dommage, que si je prenais une carte Élite cliente fidèle, j'aurais déjà un rabais de 20 % sur mon achat.

*Mère indigne* — Laisse-moi deviner.

*Copine indigne* — Ben oui, j'ai pris la carte.

*Mère indigne* — 20 % sur 90 pieds, ça a dû valoir la peine.

*Copine indigne* — Surtout qu'en fait la vendeuse m'a conseillé d'en prendre plus, de plusieurs couleurs. Paraît que les jeunes aiment ça, les couleurs. Alors j'ai pris 30 pieds de plus, en vert.

*Mère indigne* — Oh, boy. Ça va être joli, ce soir. T'as aussi pensé à utiliser les lumières du sapin ?

*Copine indigne* — Ça va, hein, la Belle au bois dormant. Au lieu de te moquer, tu devrais en prendre de la graine…

*Mère indigne* — Oui, mais ça ne te fait pas un peu peur, quand même ? De la corde ? Verte ?

*Copine indigne* — Copain indigne m'a dit…

*Mère indigne* — Je sais ! Il t'a dit : « T'inquiète pas chérie, c'est nouveau alors ça va juste durer cinq minutes » ?

*Copine indigne* — Pfff. Non, il a dit : « Sois courageuse. Tu n'auras qu'à fermer les yeux, ça ne fera pas mal, je te le promets. »

*Mère indigne* — Je suis rassurée…

Copine indigne et Mère indigne sirotent leur café, pensives. Puis :

*Mère indigne* — Sérieusement, 120 pieds de corde… Je peux te demander un service… ?

PLUSIEURS HEURES PLUS TARD. LES INVITÉS SONT VENUS, PUIS REPARTIS. MÈRE INDIGNE ET PÈRE INDIGNE SE METTENT AU LIT…

*Père indigne* — En tout cas, la dinde, bravo.
*Mère indigne* — Tu as aimé ? Vraiment ?

*Père indigne* — Qu'est-ce qu'on pouvait ne pas aimer ? La corde en nylon vert, les nœuds coulants autour des pattes, la poitrine et les cuisses expertement ficelés...

*Mère indigne* — C'était joli, hein ? J'ai potassé mes nœuds sur Internet, et j'ai pratiqué tout l'après-midi.

*Père indigne* — Dommage que ça ait déteint.

*Mère indigne* — C'est pour ça que je l'ai servie un peu sous la salade. Pour camoufler.

*Père indigne* — Hum.

*Mère indigne* — Écoute, je suis contente que tu aies aimé la corde verte. Regarde... Il en reste...

*Père indigne* — Mon Dieu... Les filles ne sont pourtant pas si insupportables...

*Mère indigne* — Pas pour les filles, franchement. Pour nous. Pour expérimenter.

*Père indigne* — Expé... Non.

*Mère indigne* — Voui. Allez, laisse-toi faire, mon amour. Et hop ! Un petit nœud par ci, un autre par là... Ne t'inquiète pas, je ne vais pas m'endormir en te laissant comme ça...

*Père indigne, dûment immobilisé* — Et maintenant, quoi ?

*Mère indigne* — Maintenant, je sors mon ordinateur... Je fais une recherche avec « vacances destination soleil Mexique »... Ahahahaha ! Je vais nous réserver un forfait, et tu ne peux rien faire pour m'en empêcher !

*Père indigne* — NON !

*Mère indigne* — Allez chéri, sois courageux. Tu n'as qu'à fermer les yeux, ça ne fera pas mal, je te le promets...

## L'amour à trois, ou les alexandrins de la frustration

Dans la maison indigne, au lit sont les petites
Et Père indigne, l'œil vif, y va de son invite
PÈRE INDIGNE
Les filles sont couchées, sans gastro ni bronchite
Profitons du sommeil qui enfin les habite
Si tu oses, de l'amour, accomplissons le rite
Ma baguette magique, c'est de la dynamite
(Mais leurs premiers ébats, leur future inconduite
Sont interrompus par un virulent pruït! pruït!)
MÈRE INDIGNE
Qu'est-ce donc que ce bruit, interruption fortuite
Qui distrait mon esprit de ton bloc de granite?
PÈRE INDIGNE
Heu, parlant de baguette, c'est Bébé qui agite
Celle que tu as achetée dans un Dolloramite
MÈRE INDIGNE
Que fait-elle dans son lit, cette baguette maudite?
PÈRE INDIGNE
C'est moi qui l'y ai mise, c'est sa favorite
Mais rétrospectivement, je me traite de twit!
MÈRE INDIGNE
Ouain, si ça continue tes carottes sont cuites
Ce bruit (pruït!) mettra ma libido en faillite
PÈRE INDIGNE
Attendons dans le noir, peut-être bien que (pruït!)

Bébé s'endormira, et nous pourrons ensuite
(Pruït!) Jouer à explorer grotte et stalagmite
Les parents tendent l'oreille vers les bruits parasites
Et après quinze minutes ponctuées de pruït!
Le dodo semble enfin imposer ses limites…
PÈRE INDIGNE
Plus de pruït!, ma chérie, ne soit pas déconfite!
Bébé dort! À l'attaque! Enlève-moi cette (pruït!)
(Pruït! pruït! pruït! « Fèreuh Zak! » Pruït! « Matineuh! » Pruït, pruït!)
MÈRE INDIGNE
Range la tienne, la baguette, parce que tous ces « pruïts! »
M'ont jusqu'à enlevé le goût d'une petite vite
PÈRE INDIGNE
Je comprends, ma chérie. Que ce destin m'irrite!
J'aurai toute la nuit une crampe à la frite.

# Échec et maths

Les filles, faut que je vous raconte.

Quand j'ai été au dépanneur l'autre soir, je me suis fait outrageusement draguer. Et pas par n'importe qui, hein! Par un membre de l'espèce sauvage communément appelée « les petits jeunes ». Incroyable, hein? Le machin, là, derrière le comptoir, ça avait à peine 20 ans! Et ça me draguait, j'en suis sûre!

Comment je le sais, qu'il me draguait? Trop facile! Trop « faf », comme dirait Fille aînée.

Il me tutoyait.

Si c'est pas la haute-voltige de la séduction, ça, Mesdames, je ne sais pas ce que c'est.

Non mais, c'est vrai. Tout le monde le sait. Avant trente ans, on a besoin d'un paquet de flaflas pour comprendre que ces messieurs, si timides, si réservés, nous feraient bien une place dans leur cœur à côté du dernier modèle d'iPod. Ça nous prend des regards sulfureux mais pas trop, des jeux de genoux éloquents mais juste assez; parfois même on exige de la conversation. Fariboles! Carabistouilles!

Après trente ans, on devient beaucoup plus désesp- avisées. D'entrée de jeu, on comprend que le tutoiement, loin d'être un banal choix de langage, signifie « je te considère comme mon égale, l'âge n'a pas d'importance, envolons-nous ensemble sur les ailes d'un transporteur aérien à rabais afin d'aller découvrir les méandres des paradis tropicaux ainsi que les nôtres, et tout cela, alcool inclus. »

Alors quand le petit jeune m'a dit « Salut ! Ça vas-tu bien ? », j'en avais déjà les jambes toutes ramollies.

Je me mis à arpenter les allées du dépanneur en fredonnant « Il était une fois nous deux ». J'étais hypnotisée par les pots de mayonnaise, dans lesquels je voyais la crème solaire que nous glisserions dans nos bagages, moi et le petit jeune, afin de vivre sans insolation notre rêve fou.

C'est au moment de payer que les choses se sont gâchées. Je déposai mon Canada Dry et mes deux contenants de lait sur le comptoir, et le jeune me posa la question fatale :

*Petit jeune* — T'as-tu la carte du CAA ?

Remarquez le tutoiement doublé. Ah, ça, il y allait fort, le jeune homme. Il avait compris que la qualité, ça ne se négocie pas. De mon côté, c'est là que j'ai commis ma première erreur. J'aurais dû comprendre que c'était une question purement rhétorique. Que la carte du CAA, y'a que les vieux qui en ont une. Que les femmes avec qui on rêve d'aller explorer l'Amazone en string ne possèdent pas de carte du CAA. « La carte du quoi ? » aurais-je dû répondre avec dérision.

Mais non. J'ai choisi la voie de l'échec.

*Moi* — Euh... Ça donne quoi, au juste, la carte du CAA ?

*Petit jeune* — 2 % de rabais sur les achats.

Il n'a pas dit « un dérisoire 2 % qui ne vaut pas le fait qu'en me présentant ta carte, tu deviendras à mes yeux, et à jamais, une vulgaire matante », mais de toute manière ça n'aurait pas changé grand-chose. Parce que moi, j'étais déjà en train de faire le calcul.

2 % sur deux fois 3,25 plus 1,25, ça fait, euh... euh... Deux fois trois, six, plus 1, plus trois fois vingt-cinq, et là on parle de sous, alors... tralala, j'économise un peu plus de 8 sous. HUIT SOUS ! Wow. Malade ! J'ai réussi à faire le calcul !

Mon regard éclatant traduisait ma joie d'avoir vaincu la multiplication des pourcentages. Son regard méprisant traduisait le fait qu'il pensait que mon regard éclatant signifiait que je m'énervais pour même pas dix cennes.

Le reste ne fut qu'une suite d'erreurs tragiques. Les miennes.

*Moi* — Oui, euh, c'est parce que, du lait, j'en achète souvent, c'est pour les enfants...

Sourcils froncés du commis qui ajoute quelques années à mon curriculum et qui, horreur, comprend que ce corps caché sous six couches de vêtements a servi à autre chose qu'à s'abandonner aux plaisirs débridés de la chair.

*Moi* — Euh, en fait, c'est mon mari qui insiste pour qu'on ait la carte du CAA...

Regard inquisiteur du commis qui remarque mon alliance et qui s'imagine alors, j'en suis certaine, sa cliente debout sur une chaise, ridiculement hilare, en train de se faire arracher la jarretière par un inconnu bavouillant, devant une foule qui a trop profité du bar ouvert.

Et le massacre n'était même pas terminé.

*Moi* — Et, euh... du Canada Dry, je... j'en bois jamais d'habitude, c'est juste que ce soir, euh...

Non, non, malheureuse!, me criait mon instinct millénaire de chasseresse. Ne dis rien! Ne-

*Moi* — ... J'ai des problèmes de digestion.

*Le commis, dégoûté* — Ça vous fera 7,75 $.

Vous! Il m'avait dit vous.

Oubliées, nos promenades sans fin sur les plages de Bali, nos courses folles dans la mer, les coquillages qu'il m'aurait offerts en me lançant de timides regards d'admiration et de déférence, nos après-midis passés à nous éclabousser en riant,

riant... Tout ça, mort et enterré, parce que ce jeune blanc-bec ne pouvait pas (ou ne voulait pas?) comprendre que j'avais mangé trop de crème fouettée avec les fraises, au dîner.

Je saisis mes emplettes d'un geste rageur et me dirigeai vers la sortie sans un regard en arrière. Je ne pus cependant m'empêcher, avant de claquer la porte, de lui décocher ce trait assassin :

— Je n'en portais même pas, de jarretière, à mon mariage ! Traître !

Cassé-bouché, il était, le petit. Je pense même que j'ai vu son doigt frôler le bouton panique.

⁓

*Père indigne* — Tu as parlé de tes problèmes de digestion ??

*Mère indigne* — Ouiiiii ! (sniff) Et après... après... il m'a vouvoyée !

*Père indigne* — Allons, allons. Je te prépare une vodka-orange, et on n'en parle plus. De toute manière, tu oublies le principal.

*Mère indigne* — (sniff) Quoi ?

*Père indigne* — Eh bien, tu t'es trompée dans ton calcul. Ce n'est pas huit sous que tu as épargnés, mais bel et bien QUINZE !

*Mère indigne* — Mais... mais alors... Je suis une héroïne ?

*Père indigne* — Avec cette carte du CAA, plus rien ne pourra t'arrêter.

*Mère indigne* — Oh, chéri... Comme tu sais parler à ta femme...

*Père indigne* — Qui plus est, il me vient à l'esprit une excellente suggestion : pour exorciser tout ça, on se rejoue la scène du dépanneur. Mais, cette fois, c'est moi le commis...

# Les joies de la lecture[*]

Moi, je dois vous dire franchement, en tant que parent, je suis 100 % pour l'alphabétisation des enfants. Et plus vite on les alphabétise, mieux c'est.

Bon, c'est sûr, on veut tous que nos enfants aiment la lecture. Au début, c'est pour des raisons nobles. On nous a tellement répété que lire, c'est important pour le bien-être de nos tout-petits. Toutes les belles couleurs dans les livres, ça les stimule – c'est sûr, ça les stimule à laisser des traces de dents sur la couverture, à déchirer les pages et à barbouiller les images, mais qu'à cela ne tienne. De toute manière, la lecture, c'est une si belle activité à faire avec son enfant : on lit une belle histoire ensemble avant le dodo, jusqu'au moment où on tombe nous-mêmes endormis dans le lit de Fiston pendant que ce dernier se relève pour aller dévaliser la crème glacée. Mais, surtout, la lecture éveille nos bambins à la fantaisie, à l'imagination, à la manière de raconter des histoires, un art qui leur sera bien utile lorsqu'ils auront atteint l'adolescence.

C'est avec toutes ces excellentes raisons en tête qu'on instaure avec Fiston la jolie tradition de l'histoire avant le dodo. Et c'est là qu'on fait la connaissance de monsieur Zozo, qui adore aller au zoo.

Votre enfant, lui, adore monsieur Zozo. Il ne s'en lasse pas. Et si ça continue comme ça, vous avez peur qu'il ne s'en

---

[*] Chronique radiophonique diffusée le 10 mai 2008 à l'émission *Nulle part ailleurs*, Radio-Canada, Sudbury

lasse jamais et n'accepte pas de s'en séparer même lorsqu'il sera plutôt en âge de lui préférer le Kama Sutra.

*A priori*, vous n'avez rien contre monsieur Zozo. Les dix premières lectures sont même plutôt agréables. Le méchant et énorme lion, qui capture monsieur Zozo lorsque ce dernier s'approche trop près de sa cage, voulait seulement briser sa solitude et ne cherchait après tout qu'à se faire un ami. Vous tenez d'ailleurs à peu près le même raisonnement lorsque vous sortez le gin tonic après une dure journée au boulot. Mais, après la 1425$^e$ lecture de *Monsieur Zozo va au zoo*, comment dire ? Il vous vient comme une étrange envie de mettre un peu de variété au menu.

Par exemple, après avoir annoncé que s'avançait « le méchant et énorme lion », vous succombez à l'envie d'ajouter un original « poil au menton ». Mais mal vous en prend. Vous découvrez en effet que Fiston est en réalité un véritable gardien du culte de monsieur Zozo, et ne supporte pas que vous salissiez cette littérature sacrée. Le lion, tu sauras, maman, que ce n'est pas parce qu'il porte une crinière qu'on peut lui dire impunément « poil au menton ». Pas non plus de poil aux doigts pour la girafe Rita, et les perroquets Pico et Tutu n'ont pas non plus de poil... nulle part.

Ce manque total de souplesse venant de votre progéniture ne cesse de vous attrister. En effet, lorsqu'on y pense un peu, nos enfants sont horriblement à plaindre. Dans leurs livres à eux, point des merveilleux ingrédients qui rendent la littérature pour adultes vraiment supérieure, j'ai nommé l'amour torride et le sang. Vous rêvez de pouvoir raconter la vraie histoire de monsieur Zozo, dans laquelle l'énorme lion, en réalité un agent de l'escouade antidrogue, capture monsieur Zozo et l'éventre de ses griffes acérées pour trouver dans son estomac des sachets remplis d'héroïne. Ces sachets, monsieur Zozo devait les livrer aux cruels perroquets, Pico et Tutu, membres de la filière colombienne. Mais le lion est lui-même corrompu jusqu'à l'os et, avec l'argent de la drogue, il s'enfuira avec le gardien de sécurité du zoo sur une île du Pacifique où pourra enfin s'épanouir leur amour interdit, au milieu des palmiers et des noix de coco aux formes évocatrices. Ils vivront heureux… enfin, jusqu'à ce que les perroquets les retrouvent et rapportent leurs yeux, en guise de trophée, à la girafe Rita, qui menait tout depuis le début.

Évidemment, il est hors de question que vous racontiez cette belle histoire à Fiston et, chaque soir, vous vous retrouvez face à face avec monsieur Zozo, qui semble vous narguer un peu plus chaque fois en ayant l'air de dire: « Si tu me touches, tu vas avoir affaire au cartel de Medellín. »

C'est ainsi qu'un soir votre mari remarquera de nouvelles traces de dents, les vôtres, sur la couverture du livre maudit, et il vous jettera le regard résigné de celui qui comprend que, dorénavant, c'est lui qui sera de corvée de Zozo.

C'est aussi à peu près à ce moment-là que vous comprenez qui a orchestré les premières campagnes d'alphabétisation: des parents, comme vous, qui n'en peuvent plus de Zozo et du zoo et qui veulent à tout prix que les enfants, surtout les leurs, apprennent à lire au plus sacrant.

Mais il y a de la lumière au bout du tunnel. Hier soir, Père indigne m'a proposé une thérapie: son plan consiste à nous faire reconstituer l'histoire de *Zozo qui va au zoo*, mais au lieu d'être Zozo, le héros, c'est moi, Zézette, et je me fais capturer par un gros gorille poilu qui tient beaucoup à briser sa solitude. Si c'est ce que ça prend pour me réconcilier avec le livre préféré de Bébé, je crois que je suis prête à faire un effort…

## Mère indigne exagère, mais il faut bien gagner sa vie

*Mère indigne* — L'autre jour, j'ai voulu faire un test dans Facebook, mais je n'ai pas osé me rendre jusqu'au bout.

*Père indigne* — Pas « Quel personnage de *Passe-Partout* êtes-vous ? », j'espère ? Je ne pourrais pas supporter d'avoir la confirmation officielle que j'ai épousé Alakazou.

*Mère indigne* — Non, non. J'ai commencé le test « Quel genre de criminel êtes-vous ? ». Oh, là là.

*Père indigne* — « Oh, là là » quoi ?

*Mère indigne* — Tu vois, il fallait classer des crimes dans l'ordre, en commençant par celui qu'on était le plus susceptible de commettre jusqu'à celui qu'on ne commettrait jamais.

*Père indigne* — Tu as mis « souper avec un ex » en premier, j'imagine ?

*Mère indigne* — Ce n'était pas sur la liste. Par contre, je me suis rendu compte que je classais « se faire payer en échange de faveurs sexuelles » en deuxième place ! Tu te rends compte ? J'ai réalisé que je n'aurais vraiment presque pas de problème avec le concept.

*Père indigne* — Hm.

*Mère indigne* — Euh, je veux dire, je n'aurais pas eu de problème avec ça avant de te rencontrer, évidemment.

*Père indigne* — Évidemment.

*Mère indigne* — Non, mais c'est vrai, je n'avais jamais vraiment réfléchi à la question, mais tant qu'à avoir un *one night stand* poche, aussi bien s'arranger pour pouvoir s'acheter une nouvelle paire de chaussures le lendemain, non ? Si on est bien prudent, au lieu de ramener une MTS à la maison, on ramène une paire de Manolo Blahnik.

*Père indigne* — Est-ce que tu as vraiment suivi des cours d'éthique à l'université ?

*Mère indigne* — Tu me prends pour qui ? Je n'achèterais pas de souliers en peau de serpent ou quoi que ce soit du genre.

*Père indigne, une drôle de lueur dans le regard* — Écoute, je ne suis pas certain que ton attitude soit tout à fait normale, mais juste comme ça, par curiosité... Combien tu aurais chargé ?

*Mère indigne, super capitaliste, super vite* — Pour la soirée ? Service complet ? Genre, cinq cents piastres. (Et, regardant Père indigne par-dessous d'un air éminemment sexy, enfin, elle essaie.) Mais pour certaines personnes très, très spéciales, j'aurais fait un prix d'ami. Cent cinquante. Taxes et tendresse post-coïtale incluses.

*Père indigne* — Écoute, je comprends que cette histoire de te faire payer pour des services sexuels est en quelque sorte un fantasme inassouvi chez toi. Si tu veux, et en tout respect pour ta valeur intrinsèque en tant qu'être humain, je serais prêt à...

*Mère indigne* — OUIIIIIII !

Père indigne sort un chèque et le remplit en ne se trompant même pas une seule fois, ce qui, pour lui, relève presque du miracle. Puis il le dépose triomphalement sur la table, devant Mère indigne qui s'en saisit d'une main, alors que, de l'autre, elle clavarde déjà avec les copines pour discuter des meilleures marques de chaussures de luxe.

*Mère indigne, examinant le chèque* — Tu es certain que tu veux me payer tout de suite ? On ne sait jamais, tu pourrais peut-être ne pas être satisfait...

*Père indigne* — J'ai toute confiance en ton professionnalisme.

Plus tard, dans la chambre à coucher...
*Père indigne* — Ooooh. Il fait noir ici. Ça augure bien.
*Mère indigne, de sous les couvertures* — Grufahdkjgaomf.
*Père indigne* — Et ces grognements... Des cris d'amour ?
*Mère indigne* — Mal à la tête.
*Père indigne* — Mal à... Excuse-moi, mais les vrais professionnels ne demandent pas de congé de maladie quand ils sont sur un gros contrat.
*Mère indigne* — Écoute, entre le moment où tu m'as donné le chèque et maintenant, beaucoup d'eau a coulé sous les ponts de l'amour.
*Père indigne* — Mais... ça fait à peine une heure !
*Mère indigne* — Ouais, ben en une heure, je me suis tapé la méga-crise de Bébé qui ne voulait pas prendre son bain, pas brosser ses dents, pas se coucher, bref, pas collaborer. Bruyamment.
*Père indigne* — D'où le mal de tête ?
*Mère indigne* — Non, ça je pense que c'est quand Fille aînée m'a demandé de lui trouver des extraits sonores de la maturité sexuelle des orangs-outangs.
*Père indigne* — Bon, d'accord, ça va. Je suis un client compréhensif. Redonne-moi mon chèque et on n'en parle plus.
*Mère indigne* — Je... Écoute, mon mal de tête est terrible, je ne sais plus où je l'ai cach- où je l'ai rangé...
*Père indigne* — Tu ne sais plus... ?
*Mère indigne* — Je l'ai peut-être même perdu... Va falloir que tu m'en fasses un autre.

*Père indigne* — Dis donc, juste comme ça, dans ton test Facebook, c'était quoi le premier crime que tu étais susceptible de commettre ?

*Mère indigne* — Hum. Fraude.

*Père indigne* — Merde.

*Mère indigne, après un bref silence* — Quand je pense que tu as osé dire que je ne suis pas professionnelle.

# Rapports préliminaires

*Copine de longue date* — Dis donc, ça fait combien de temps que tu es mariée, déjà?

*Mère indigne* — Dix ans depuis une semaine. Dans la joie et l'allégresse.

*Copine* — Bon. J'imagine que tu vas pouvoir répondre à une question délicate.

*Mère indigne* — Tu sais que je suis la délicatesse incarnée. Envoye, shoote!

*Copine* — OK, je me lance... (Copine prend une grande respiration.) Es-tu pour ou contre ça, toi, les préliminaires?

*Mère indigne* — Les rapports préliminaires? Moi, j'haïs ça. Je me dis que, tant qu'à écrire un rapport, aussi bien faire le rapport final tout de suite.

*Copine* — T'es nulle. Je parle des rapports sexuels préliminaires.

*Mère indigne* — Aaaaaah. Ben là, tu rentres pas mal dans mon jardin secret.

*Copine* — Comme si ça t'avait déjà dérangé.

*Mère indigne* — D'accooooord, on peut en parler, mais c'est bien parce que c'est toi. Les préliminaires... Pouf, pouf. Bon. Ces temps-ci, par exemple, y'a Bébé qui...

*Copine* — Change pas de sujet!

*Mère indigne* — Non, non! Je veux dire que Bébé, à la garderie, elle a vu un spectacle de Dan Cowboy, et ensuite elle a passé deux semaines à appeler Père indigne « Dan Cowboy ». Puis elle a suivi des ateliers de prévention des incendies avec le pompier François. Maintenant, quand elle revient à la maison, elle appelle Père indigne « Pompier François ». À force de l'entendre, j'ai décidé d'essayer ça moi aussi. On s'est bien amusés. J'ai écrit à Sacha Distel pour lui dire qu'on avait retrouvé les tuyaux. Dans l'écurie.

*Copine* — Sacha Distel est mort. Et les pompiers pis les cowboys, c'est des jeux de rôle, pas des préliminaires.

*Mère indigne* — Pffff. Franchement, si le résultat est le même, je ne vois pas pourquoi on s'enfargerait dans les fleurs du préservatif.

*Copine* — En tout cas, moi, après sept ans et deux enfants, les préliminaires, ça me branche moins. Tu sais, au début, quand j'étais dans une humeur séductrice et que Copain me disait « Trouve des arguments pour me convaincre », j'étais en forme. Je pouvais aller mettre des sous-vêtements sexy...

*Mère indigne* — ... Faire un strip-tease...

*Copine* — ... Sortir la crème fouettée...

*Mère indigne* — ... Le fouet...

*Copine* — C'est un jeu de rôle, ça, Seigneur. Essaie de te concentrer un peu.

*Mère indigne* — Le fouet est un jeu de rôle, le fouet est un jeu de rôle, le f-

*Copine* — Ça va, ça va... En tout cas, tout ce que je veux dire, c'est que maintenant, avec toute la routine des enfants avant le dodo, les tâches ménagères, les sandwichs du lendemain à préparer... ben, les préliminaires, ça fait un peu perte de temps.

*Mère indigne* — Tu es plus du genre « Prends-moi comme une bête, que j'aille préparer les lunchs ensuite ».

*Copine* — Ouain. En fait, l'autre soir, je pense que j'ai atteint les bas-fonds de la séduction. S'il y avait une police du sexe, j'aurais eu un ticket et au moins trois points de démérite.

*Mère indigne* — Mon Dieu. Qu'est-ce que tu as fait?

*Copine* — Ben, j'étais dans une sorte d'humeur séductrice, alors Copain m'a dit «As-tu des arguments pour me convaincre?»...

*Mère indigne, haletante* — Et...

*Copine* — Et je venais de prendre ma douche. Alors j'ai dit: «Je suis propre.»

*Mère indigne* — ...

*Copine* — ...

*Mère indigne* — Ton argument de séduction, c'était que tu venais de te laver?

*Copine* — ... C'est pathétique, hein?

*Mère indigne* — Ça va être quoi, ton argument, dans quatre ou cinq ans? «Je suis LÀ»?

*Copine* — Tu ris, mais ça a fonctionné quand même.

*Mère indigne* — Tu devrais faire de la politique. «Des parties propres au Québec.»

*Copine* — Bon. Ça y est. Je pense que je vais nous réserver une fin de semaine dans une auberge, sans enfants. Pour renouer avec les préliminaires et m'éviter tes blagues à l'avenir.

*Mère indigne* — Ça, c'est des promesses électorales comme on les aime.

## Inédit
## Mathématiques, le nouveau programme

Aussi bien vous le dire tout de suite, quand il m'arrive d'élever mes enfants, je n'utilise jamais tellement de méthode éducative.

J'ai terriblement honte de l'avouer, mais je dédaigne autant les bons vieux adages qui ont fait leurs preuves (comme « Braille, tu pisseras moins » et « Si t'es pas joli, sois poli ») que les trucs nouvelle génération du 3$^e$ millénaire, genre Bébé Einstein et, hum... nous n'avons qu'à songer à... Bon, à vrai dire, je les dédaigne tellement que je ne les connais même pas.

Non, mais, sans blague. Bébé Einstein! Mes filles faisaient déjà leurs fanfaronnes à seize mois. S'il avait fallu *en plus* que je les branche sur Bébé Einstein alors qu'elles baignaient encore dans le liquide amniotique, je me serais retrouvée avec des bébés qui sifflotent le concerto brandebourgeois la tête à peine sortie de mon ventre meurtri! L'horreur. Et j'ai bien eu une époque « Variations Goldberg », mais là c'est terminé; ce n'est pas un *terrible two* qui va se mettre à me les infliger sur un xylophone Fisher Price alors que moi, je ne sais même pas jouer *Frère Jacques* avec, euh, ma bouche.

Comprendre les grands fondements de la relation parent-enfant, ça, je suis d'accord. « Parents efficaces », génial. Tout ce qui fait en sorte que le petit est au lit à 8 h et votre gin tonic sur la table à 8 h 07, parfait. Le reste? C'est au goût.

Je répète: au goût! Ça vous allume? C'est tout ce qui compte!

Vous aimez *Eine Kleine Nachtmusik* à la flûte à bec vaseuse agrémentée de petits coups de triangle, *pfruittt, pfruittt*, *tching-a-cling*? Allez-y pour Bébé Einstein. Vous préférez les airs plus explicites où l'on chante l'amour entre les oiseaux et les écureuils? Optez pour la Compagnie créole. La pochette de disque montre des Antillo-Guyanais en sueur qui se dandinent lascivement sur une piste de danse plutôt que des gorilles souriants, des alligators végétariens et des chatons pas de griffes? Qu'à cela ne tienne! Soyez fous! Ce n'est pas parce que c'est fait pour les grands que les enfants ne peuvent pas apprécier. Et vice versa, d'ailleurs. Hein, les papas avec Annie Brocoli?

Mais, se demandent certains, le regard effaré par tant de criminel laisser-aller parental, les vertus éducatives, dans tout ça?

*Mère indigne* — En tout cas, moi je dis que, si tout le monde s'amuse, c'est parce que ça marche. Que ce soit écrit «jeu éducatif» sur la boîte ou non.

*Amie jeune maman* — Mais quand même. Ils font des recherches, là, ceux qui conçoivent des jouets éducatifs. Ils expérimentent. Ils doivent bien…

*Mère indigne* — Pfff! Ils expérimentent! Je ne crois pas à ça, moi, qu'ils expérimentent. T'as déjà vu les formulaires qu'il faut remplir avant d'expérimenter sur les sujets humains?

*Amie jeune maman* — Mais ils doivent bien faire des tests! Prends Bébé Einstein…

*Mère indigne* — Bébé Einstein! Ne me parle pas de Bébé Einstein! Tu sais c'est quoi, leur slogan, à Bébé Einstein?

*Amie jeune maman* — N… non?

*Mère indigne* — «Bébé Einstein éveille les bébés du monde entier»! *Éveille* les bébés! Est-ce qu'on peut se *calmer*? Après tous les efforts qu'on fait pour les endormir? Les salauds.

*Amie jeune maman* — J'avoue. Mais l'autre jour, quand même, j'écoutais un documentaire fascinant. Ça parlait de l'importance, pour un enfant, de marcher à quatre pattes. C'était tellement convaincant, je te jure, je vais *tout faire* pour que Justin ne passe pas directement du stade assis au stade debout, sans marcher à quatre pattes.

*Mère indigne, sur la défensive* — Fille aînée n'a jamais marché à quatre pattes.

*Amie jeune maman* — Eh bien, semble-t-il que, quand un enfant n'a pas marché à quatre pattes, il risque d'avoir des difficultés plus tard, au niveau des mathématiques.

*Mère indigne* — Au niveau des ma- ? Et puis quoi, encore ?

*Amie jeune maman* — Je te jure ! Même que les enfants plus vieux, là, de sept ou huit ans, qui avaient des problèmes en mathématiques, eh bien, ils les ont fait marcher à quatre pattes et ça a fonctionné ! Ils se sont améliorés.

*Mère indigne* — (Cligne, cligne. Cligne.)

*Amie jeune maman, légèrement mal à l'aise* — C'est vrai. Sérieusement. Ils ont mieux performé. En maths.

*Mère indigne* — Force-moi à marcher à quatre pattes, je te garantis que je vais l'apprendre, ma table des multiplications.

*Amie jeune maman* — Ah, ouais... Je n'y avais pas pensé.

*Mère indigne* — Même pas besoin de faire une étude pour en être sûr.

*Plus tard...*

*Mère indigne* — Alors là, moi, j'y dis, « Force-moi à marcher à quatre pattes, tu vas voir que je vais l'apprendre, ma table des multiplications » ! Non mais, c'est vrai ! Être forcé de marcher à quatre pattes ! Tu t'imagines ? La honte ! Ils vont faire un doctorat en géométrie algébrique, ces enfants-là, pour ne plus être obligés de se tortiller comme des imbéciles devant leurs copains. Moi, je dis, ils ne veulent pas marcher à quatre pattes, laissons-les libres ! Moi, je dis, ils sont nuls en maths, essayons de trouver une méthode d'apprentissage qui va les allumer! C'est tout ce qui compte!

*Père indigne* — Oui, chérie. Tu as parfaitement raison. C'est tout ce qui compte. D'ailleurs, tu me dis si je me trompe, mais toi-même, tu es passablement nulle en maths.

*Mère indigne* — Euh...

*Père indigne* — N'est-ce pas?

*Mère indigne* — C'est assez vrai...

*Père indigne* — Alors...

*Mère indigne* — Alors...?

*Père indigne* — Alors... Moi je dis que je ne te ferai pas marcher à quatre pattes. Jamais.

*Mère indigne* — J... Jamais?

*Père indigne* — Jamais.

Mère indigne ne dit rien.

Mais prend un air étrangement déconfit.

*Père indigne* — Enfin... sauf si ça t'allume.

Mère indigne semble tout à coup ragaillardie. «C'est vrai que j'ai toujours fantasmé sur la géographie algébrique... Mais va falloir travailler fort...»

*Père indigne* — Tu peux compter sur moi.

# Inédit
# Épilogue

Ça y est.
C'est fait.

Fille aînée ne croit plus au père Noël.

Par une belle fin d'après-midi de décembre, ma fille de neuf ans et demi a émergé de son territoire (le sous-sol du bungalow, où il y a la télé), s'est introduite dans mon territoire (la cuisine, où il y a tout pour l'apéro) et m'a demandé, l'air trop innocent : « Maman, qu'est-ce que je vais recevoir comme cadeaux, à Noël ? »

Moi, évidemment, je me suis plongée dans mon rôle de mère de jeune enfant comme un lutteur professionnel se jette sur son adversaire du haut de la quatrième corde : « Mais, je l'ignore, ma chérie ! C'est le père Noël qui sait quels seront tes cadeaux. Qu'est-ce que tu lui as demandé, au père Noël, dans ta lettre ? »

*Fille aînée* — Hin, hin. Rien, rien. C'est correct.

Derrière elle, se fit entendre un autre petit « hin, hin » amusé et supérieur.

Pas Bébé, non. Eugénie.

Eugénie, dont le regard fourbe traduisait les sinistres pensées : « Eh oui, madame la Folle ! Pendant tous ces mois, j'ai joué la petite fille sage, mais je préparais en fait mon grand coup. *Exit*, le gros bonhomme rouge ! Plus d'excuse de lettre soi-disant perdue sur le chemin du pôle Nord pour expliquer l'absence de la Wii sous le sapin ! Grâce à moi, Fille aînée est enfin devenue une véritable préado. »

À partir du moment où Eugénie s'en était mêlée, j'ai su qu'une discussion familiale sérieuse (c'est-à-dire autour de la table, à l'heure du souper, quand tout le monde a la bouche pleine et qu'il n'y a que moi qui puisse donner mon point de vue) s'imposait.

C'est ainsi que plus tard, devant les pâtes...

*Moi* — Chérie, dis-moi, pourquoi m'as-tu demandé quels seraient tes cadeaux à Noël ? Pourquoi crois-tu que je puisse le savoir ?

*Père indigne, au courant de toute l'affaire, et décidé à y aller directement* — Est-ce que, par *hasard*, tu aurais reçu quelques *informations* quant à l'existence, ou plutôt à la *non-existence*, d'un personnage reconnu pour sa longue barbe blanche et son habit rouge ?

Devant tant de franchise, je me suis sentie presque malade. J'ai fait de grands yeux pour l'implorer de ralentir, de ne pas démolir avec tant d'allégresse les fondements du mythe de la bonté, du traîneau magique et de l'exploitation de la classe lutine. Mais Fille aînée n'a pas semblé traumatisée ; au contraire, elle rigolait. « Oui, c'est ça. »

*Père indigne, d'un ton faussement intrigué* — Es-tu en train de nous dire que ce personnage, c'est le *père Noël*, et que tu n'y crois plus ?

J'ai cru m'évanouir devant tant de brutalité. Mais Fille aînée rigolait toujours. « Ouain, c'est ça. J'y crois plus vraiment. »

*Moi* — De... Depuis quand ?

*Fille aînée* — Ben, ça fait déjà un bout de temps. Quand j'ai fouillé une fois dans le fond de votre garde-robe, j'ai vu que les rouleaux de papier d'emballage de Noël qui traînaient là étaient pareils comme le papier des cadeaux amenés par le père Noël. (Note à moi-même : On a tellement bien fait d'installer une serrure sur le tiroir du haut de la commode!) En tout cas, je le sais pas mal depuis cet été, mais je ne voulais pas vous le dire, pour ne pas vous faire de peine.

S'ensuivit une discussion sur les ficelles et les rouages de la supercherie. Je suis sûre que Bébé, qui faisait mine de se fabriquer une perruque avec ses spaghettis bolognese, prenait en fait des notes.

*Père indigne* — Alors là, pendant que tu dormais, on plaçait les cadeaux sous le sapin...

*Moi* — Et c'est ton père qui bouffait les biscuits, même que, parfois, il allait s'en servir une autre assiette...

*Père indigne* — Bref, c'était bien, cette histoire de père Noël, mais il faut bien arrêter d'y croire un jour, n'est-ce pas? C'est ça, grandir, ma chérie...

Père indigne et moi, nous nous sommes regardés d'un air attendri. Voilà, c'était fait. Notre petite fille ne croyait plus au père Noël. Quelles seraient ses interrogations, désormais? Quelles autres illusions devrions-nous l'aider à démystifier dans sa voie vers la vie adulte? Et, même comme adultes, tant de chimères peuplent notre esprit crédule... Quoi qu'il en soit, nous serions toujours là, nous, sa mère et son père, afin de l'aider à grandir dans la-

*Fille aînée* — Le père Noël, j'y crois plus vraiment. Mais ses rennes, par exemple, je pense quand même qu'ils existent. Parce que l'avoine que je mettais dans la pantoufle, dehors, pour les rennes, il avait quand même disparu, le matin.

*Moi* — Euh. Ben c'est moi qui l'enlevais.

*Fille aînée* — Mais l'intérieur de la pantoufle était mouillé! Comme s'il y avait eu de la salive!

*Moi* — ...

*Fille aînée* — Non, mais, vraiment. Je suis *sûre* que les rennes existent.

Euh, Eugénie… ? Tu veux bien revenir jouer à la maison un de ces quatre ? Je pense qu'on a besoin d'un exorcisme.

**FIN**

# Table des matières

| | |
|---|---:|
| Qu'est-ce qu'on dit…? | 9 |
| Introduction : Indigne un jour… | 10 |
| Fiches signalétiques | 14 |

**Chapitre 1**
**Mère indigne est bête et méchante** — **19**

| | |
|---|---:|
| Jeu drôle (une fiction cathartique) | 20 |
| Appétit de destruction (une fiction cathartique) | 23 |
| C't'une fois deux mères : mal et diction | 26 |
| Bonne pâte | 30 |
| Reproduction, mensonges et mousse au chocolat | 33 |
| Sœur fou rire | 37 |
| Un amour interminable | 39 |
| Un amour irrévocable | 43 |
| Le sadisme, la brutalité et autres passe-temps familiaux (une demi-fiction cathartique) | 46 |
| À névroses, névroses et demies | 51 |
| Pinocchio serait fier de moi | 54 |
| Ne pelure pas, Jeannette | 58 |

**Chapitre 2**
**La vie selon Bébé** — **59**

| | |
|---|---:|
| Les vraies affaires | 60 |
| Pourquoi nous rions de nos ados devant leurs amis | 62 |
| Toupie et Binou au pays du jambon magique | 65 |
| La sirène de l'autorité, ou la tentation de la vodka-orange en intraveineuse | 68 |

| | |
|---|---:|
| Routine, shmoutine | 71 |
| L'estime de soi : ça sera pour une autre fois | 76 |
| Ça sent le printemps | 78 |
| Comme dirait Adamo, c'est ma vie | 78 |
| L'étiquette, encore et toujours | 78 |
| Fichu tissu | 79 |
| Terrible taxi | 80 |
| Poisson à un autre appel | 82 |
| La déprime hivernale | 87 |
| C'est lui, son idole | 91 |
| Quotidien ingrat | 93 |
| Mots de Bébé | 94 |
| Et vlan dans les dents | 96 |
| Suis-moi, je te fuis… | 100 |

**Chapitre 3**
**Fille aînée superstar** — **101**

| | |
|---|---:|
| My heart belongs to Daddy | 102 |
| Oui aux engueulades | 106 |
| Père indigne, détective privé (de dessert) | 109 |
| Ça change du jambon roulé | 111 |
| Mère indigne et les doigts humains | 114 |
| Parle plus fort, j'ai un cartable dans l'oreille | 117 |
| Rhétorique d'enfer | 119 |
| Coma Chameleon | 121 |
| Les vacances d'été | 123 |
| L'ignorance, c'est le pied | 127 |
| Surprises et autres singeries | 128 |
| Le père Noël du campeur | 131 |
| Fille aînée, ou le côté obscur de la candeur (Une pas-fiction pas-cathartique) | 135 |

**Chapitre 4**
**Grandeurs (et surtout misères) du corps humain**   137
    Atchoum n'est pas seulement un ami
        de Blanche-Neige   138
    Atchoum est aussi un sale pervers   140
    À la recherche de l'élégance perdue   142
    Pitié pour papa   146
    La prochaine fois, je vais même enlever les croûtes   148
    Haleine(s)   149
    C't'une fois deux-trois mères : obsession sécuritaire   150
    Il n'y a pas de hasard   154
    La taille de Jean-Louis   155

**Chapitre 5**
**Les copines... et les copains**   159
    C't'une fois deux mères, authentique et non censuré   160
    C't'encore une fois deux mères : qu'est-ce qu'on s'éclate   162
    Hiiiiiiiiiiiiiiii, suite (et fin ?)   164
    Milieux humides   167
    L'avis des bêtes   171
    La voie lactée   175
    Changement de paradigme   179
    Le homard en héritage   182
    En-cas d'urgence   186
    Le saucisson d'Ex   192
    Peau de vache   198
    Listes d'attentes   201

**Chapitre 6**
**Sœur indigne s'en mêle**   205
    Esprit des fêtes, es-tu là ?   206
    À oublier au plus vite   211

Moi maman, toilettes (c'est supposé être un jeu
    de mots, mais pas nécessairement génial)    217
Redécouvertes    222
Faites ce que je dis, pas ce que je fée    226
Ville (Lumières)    228
Bébé ne répond plus    230
Pour en finir avec le bricolage    232
*Fais dodo, mon petit hamster*    236

**Chapitre 7**
**Comment se servir des enfants comme prétexte**
**pour parler de sexe**    243
    Exhibitionnouille    244
    Raviver la flamme, un fantasme à la fois    246
    On n'apprend pas à une maman singe...    248
    Mère indigne sur la corde raide (une fiction
        dindo-masochiste)    253
    L'amour à trois, ou les alexandrins de la frustration    258
    Échec et maths    260
    Les joies de la lecture    265
    Mère indigne exagère, mais il faut bien gagner sa vie    268
    Rapports préliminaires    272
    Mathématiques, le nouveau programme    275

**Épilogue**    279

Pour effectuer une recherche libre par mot-clé à l'intérieur de cet ouvrage, rendez-vous sur notre site Internet au www.septentrion.qc.ca

Tous les livres de la collection Hamac sont imprimés sur du papier recyclé, traité sans chlore et contenant 100 % de fibres postconsommation, selon les recommandations d'ÉcoInitiatives (www.ecoinitiatives.ca).
En respectant les forêts, le Septentrion espère qu'il restera toujours assez d'arbres sur terre pour accrocher des hamacs.

PROTÉGEONS
NOS FORÊTS

COMPOSÉ EN WARNOCK CORPS 10
SELON UNE MAQUETTE DE PIERRE-LOUIS CAUCHON
CE QUATRIÈME TIRAGE A ÉTÉ ACHEVÉ D'IMPRIMER EN NOVEMBRE 2009
SUR PAPIER ENVIRO 100 % RECYCLÉ
SUR LES PRESSES DE L'IMPRIMERIE MARQUIS
À CAP-SAINT-IGNACE
POUR LE COMPTE DE GILLES HERMAN
ÉDITEUR À L'ENSEIGNE DU SEPTENTRION